LISBONNE
surprises
500 coups de cœur

INTRODUCTION

Lisbonne est riche d'une histoire qui s'étale sur plus d'un millénaire. C'est l'une des premières cités cosmopolites au monde, qui a prospéré de manière spectaculaire durant les Grandes Découvertes. Aujourd'hui, c'est également une capitale européenne vibrante et dynamique. Cette ville semble avoir trouvé le parfait équilibre entre ses deux identités : confiante en son héritage, comme en sa modernité croissante. Lisbonne dégage une atmosphère où il fait bon vivre, en grande partie grâce à ses habitants poétiques et hauts en couleur.

Elle présente plusieurs visages, un peu comme une capitale européenne à l'atmosphère de village rural, aux quartiers divers et distincts. Elle est à la fois sophistiquée et contemporaine, tout en étant chaleureuse et facilement accessible. Elle regorge de magnifiques recoins cachés, à l'intérieur desquels le temps semble s'être arrêté sur un air de fado, mais c'est aussi une destination prisée par les amateurs de vins et de gastronomie. De nombreux restaurants ethniques s'amusent à mêler les influences de différentes cultures, tout en servant des vins portugais primés. En somme, un million de choses à voir et à faire, et au moins tout autant à goûter et à savourer.

Lisbonne surprises vous aidera à apprivoiser l'âme de cette cité remarquable en vous guidant, par exemple, vers 5 lieux où profiter au mieux du Tage ou 5 restaurants où manger local. Il vous dira aussi tout ce que vous devez savoir sur les 5 meilleurs vins de la région et sur les 5 funiculaires les plus originaux (ce qui tombera à point nommé lorsqu'on sait combien la ville est vallonnée).

COMMENT UTILISER CE GUIDE ?

Ce guide dresse une liste de 500 coups de cœur dans Lisbonne, répartis en 100 catégories différentes. La plupart se visitent et sont accompagnés d'informations pratiques pour vous aider à vous repérer. Les autres se composent plutôt d'anecdotes qui vous permettront de mieux connaître la ville et ses habitants. Le but de cet ouvrage n'est pas de recenser tous les points d'intérêt de la ville, mais bien de vous donner l'envie de partir vous-même à sa découverte.

Les coups de cœur mentionnés dans ce guide comportent une adresse, un quartier (Príncipe Real ou Chiado, par exemple) et un numéro. Ces deux dernières informations vous aideront à les localiser sur les cartes qui se trouvent en début de livre. Cherchez la carte correspondant au quartier, puis situez le numéro. Attention tout de même, ces cartes ne sont pas assez détaillées que pour vous emmener dans un point bien précis de la ville. Une bonne carte s'obtient toutefois très facilement dans un office du tourisme, dans la plupart des hôtels ou plus simplement encore, sur votre smartphone.

Gardez aussi à l'esprit qu'une ville est en constante évolution. Le chef qui nous avait tant séduit pourrait peut-être s'avérer moins inspiré le jour de votre visite. L'hôtel qui nous avait charmé changera peut-être avec l'arrivée d'une nouvelle direction. De même, l'un des bars que nous recommandons aux amateurs de musique live pourrait très bien s'avérer désespérément vide le soir de votre visite. Cette sélection est bien sûr personnelle et subjective, et vous pourriez ne pas toujours être du même avis. Si vous désirez laisser un commentaire, recommander un bar, ou nous révéler votre coin secret favori, nous vous invitons à contacter l'éditeur à l'adresse suivante :
info@editionsmardaga.com.

À PROPOS
DE L'AUTEUR

Véritable enfant du pays, Miguel Júdice est un entrepreneur hôtelier et restaurateur passionné. Ancien président de l'Association des hôtels portugais, il est aussi écrivain, photographe, chef amateur et avide globe-trotteur. Mais c'est à Lisbonne qu'il se sent chez lui. Du quartier branché de Liberdade à celui plus bohème du Bairro Alto, en passant par l'humble quartier de Belém ou encore par le plus traditionnel Alfama, Miguel connaît les recoins secrets de la ville comme sa poche. Ses habitants et ses coutumes n'ont pas non plus de secrets pour lui. Vous le trouverez en train de siroter un café sur une terrasse du Chiado, de prendre un verre avec quelques amis dans le Príncipe Real ou de se balader dans le quartier historique de l'Alfama l'appareil photo à l'épaule, prêt à capturer des scènes du quotidien.

Miguel vous recommande chaleureusement de dépasser le simple cadre d'une visite touristique et de vous joindre à la vie quotidienne lisboète. Amusez-vous à vous perdre dans les quartiers labyrinthiques ; saisissez la diversité des cultures et des personnalités qui donnent vie à cette ville. Profitez du panorama depuis les nombreuses terrasses le long de l'eau, partez chiner au Feira da Ladra ou dans d'autres marchés aux puces en ville. Visitez les jardins luxuriants de Lisbonne et régalez-vous de pâtisseries et boissons locales. Mais surtout, n'hésitez pas à engager la conversation avec les sympathiques et chaleureux Lisboètes : vous pourriez bien être surpris par leur sincère générosité et leur enthousiasme à propos de leur ville. Vous recevrez certainement quelques conseils éclairés et vous vous ferez probablement de nouveaux amis avec lesquels partager quelques verres, éclats de rire, histoires et *petiscos*.

LISBONNE
vue d'ensemble

Aéroport de Lisbonne

10 Olivais et Parque das Nações

8 Alvalade, Avenidas Novas, Lumiar et Saldanha

9 Alto de São João, Beato, Marvila et Santa Apolónia

4 Amoreiras, Avenida da Liberdade, Campolide et Parque Eduardo VII

7 Alfama, Castelo, Graça, Mouraria et Sé

5 Bairro Alto, Príncipe Real et Santa Catarina

1 Ajuda, Alcântara, Algés et Janelas Verdes

3 Campo de Ourique, Estrela, Lapa, Madragoa et Santos

6 Baixa, Cais do Sodré et Chiado

Tage

2 Belém

Tage

1 Almada

Plan 1
AJUDA, ALCÂNTARA, ALGÉS, ALMADA et JANELAS VERDES

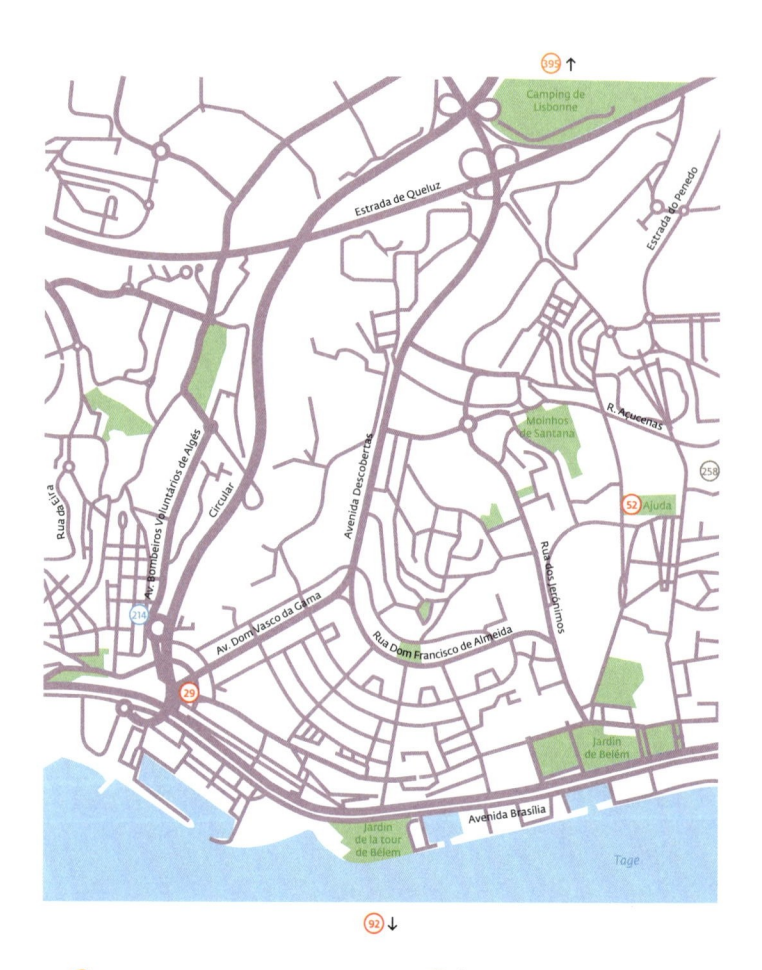

- O *Où manger*
- O *Où prendre un verre*
- O *Shopping*
- O *Édifices à admirer*
- O *Où découvrir Lisbonne*

↑ 308   ↑ 407

Estrada Montes Claros
Estrada Alvito
Avenida da Ponte
Av. Ceuta
Av. Infante Santo

cimetière de Prazeres

307

Tapada das Necessidades

Calçada da Tapada

90

412   182 193 5
         49 198

Rua de Cascais

341 342
159 343 344
345

Rua Da Junqueira

282

277

Avenida Brasília

Avenida Brasília

Ponte 25 de Abril

Tage

247   93 ↓ 276

○ *Lieux culturels*
○ *Activités pour les enfants*
○ *Où loger*
○ *Activités pour le week-end*
○ *Curiosités et faits insolites*

Plan 2
BELÉM

○ Où manger
○ Où prendre un verre
○ Shopping
○ Édifices à admirer
○ Où découvrir Lisbonne

Moinhos de Santana

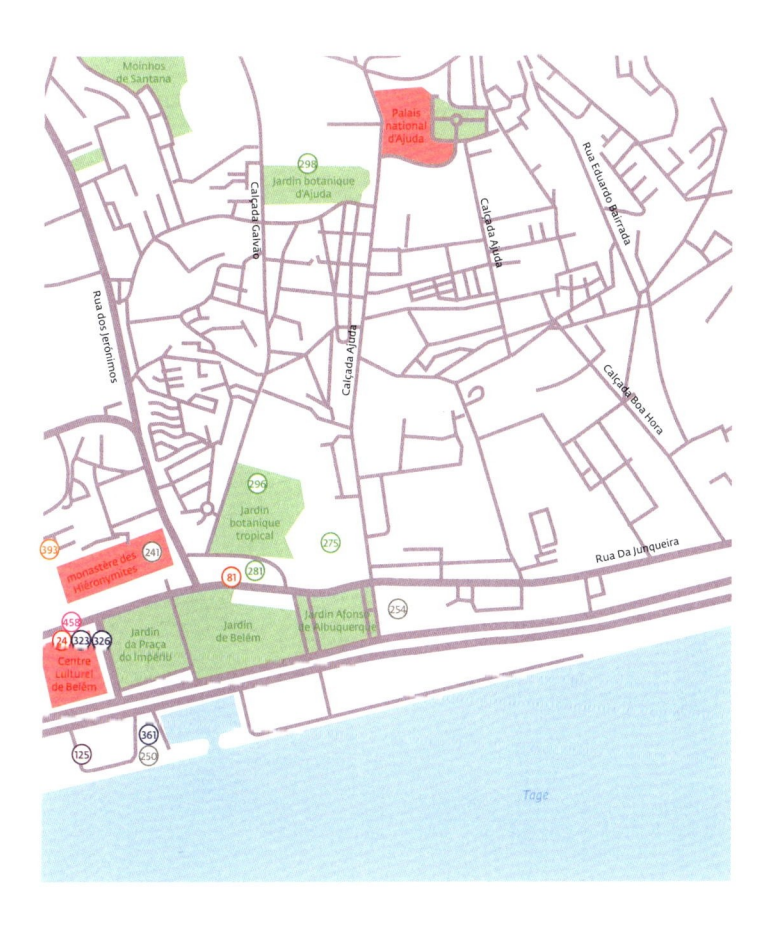

Palais national d'Ajuda

298 Jardin botanique d'Ajuda

Calçada Galvão

Rua dos Jerónimos

Calçada Ajuda

Calçada Ajuda

Rua Eduardo Bairrada

Calçada Boa Hora

296 Jardin botanique tropical

275

Rua Da Junqueira

393 241 monastère des hiéronymites

81 281

254

24 323 326
458 Jardin da Praça do Império

Jardin de Belém

Jardin Afonso de Albuquerque

Centre Culturel de Belém

125 361
250

Tage

○ Lieux culturels
○ Activités pour les enfants
○ Où loger

○ Activités pour le week-end
○ Curiosités et faits insolites

Plan 3
CAMPO DE OURIQUE, ESTRELA, LAPA, MADRAGOA *et* SANTOS

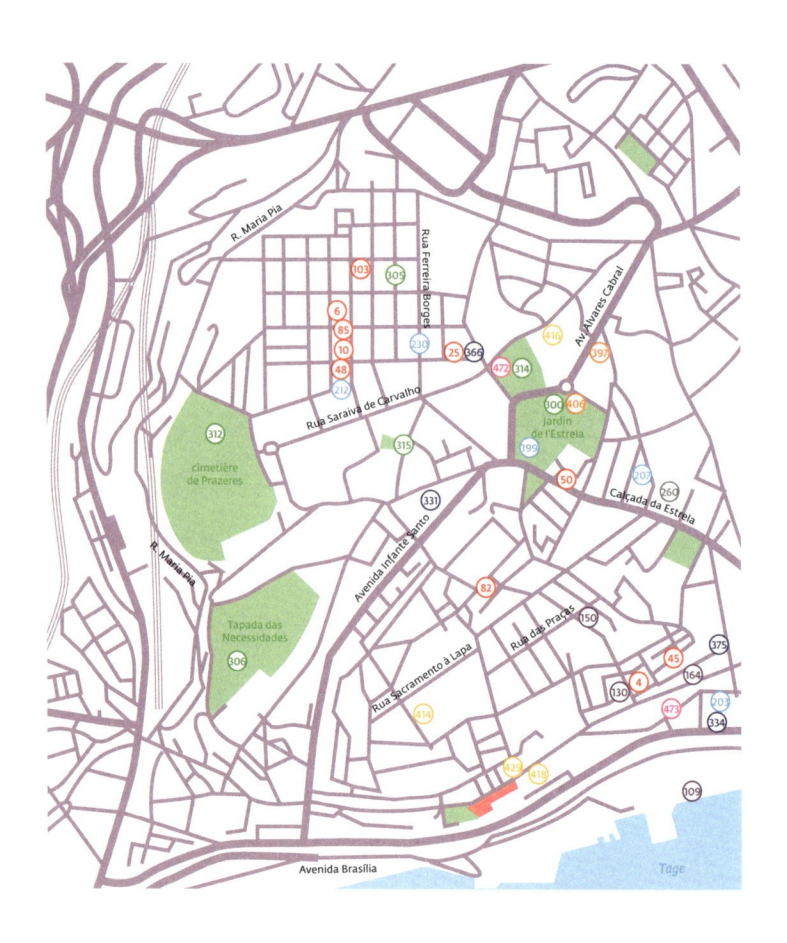

○ *Où manger*
○ *Où prendre un verre*
○ *Shopping*
○ *Édifices à admirer*
○ *Où découvrir Lisbonne*

Plan 4

AMOREIRAS, AVENIDA DA LIBERDADE, CAMPOLIDE et PARQUE EDUARDO VII

○ Lieux culturels
○ Activités pour les enfants
○ Où loger
○ Activités pour le week-end
○ Curiosités et faits insolites

Plan 5

BAIRRO ALTO, PRÍNCIPE REAL *et* SANTA CATARINA

○ Où manger
○ Où prendre un verre
○ Shopping
○ Édifices à admirer
○ Où découvrir Lisbonne

Plan 6

BAIXA, CAIS DO SODRÉ et CHIADO

○ Lieux culturels
○ Activités pour les enfants
○ Où loger
○ Activités pour le week-end
○ Curiosités et faits insolites

Plan 7

ALFAMA, CASTELO, GRAÇA, MOURARIA et SÉ

○ *Où manger*
○ *Où prendre un verre*
○ *Shopping*
○ *Édifices à admirer*
○ *Où découvrir Lisbonne*

Plan 8

ALVALADE, AVENIDAS NOVAS, LUMIAR et SALDANHA

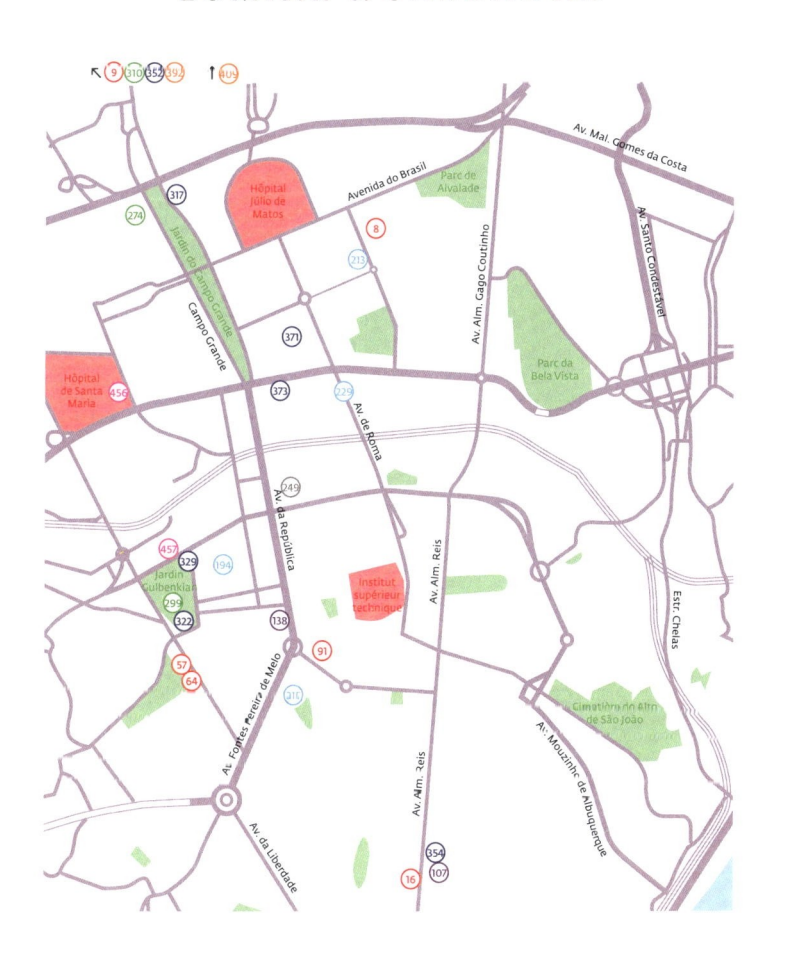

○ Lieux culturels
○ Activités pour les enfants
○ Où loger
○ Activités pour le week-end
○ Curiosités et faits insolites

Plan 9
ALTO DE SÃO JOÃO, BEATO, MARVILA et SANTA APOLÓNIA

○ Où manger
○ Où prendre un verre
○ Shopping
○ Édifices à admirer
○ Où découvrir Lisbonne

Plan 10

OLIVAIS et PARQUE DAS NAÇÕES

○ Lieux culturels
○ Activités pour les enfants
○ Où loger
○ Activités pour le week-end
○ Curiosités et faits insolites

CEVICHERIA

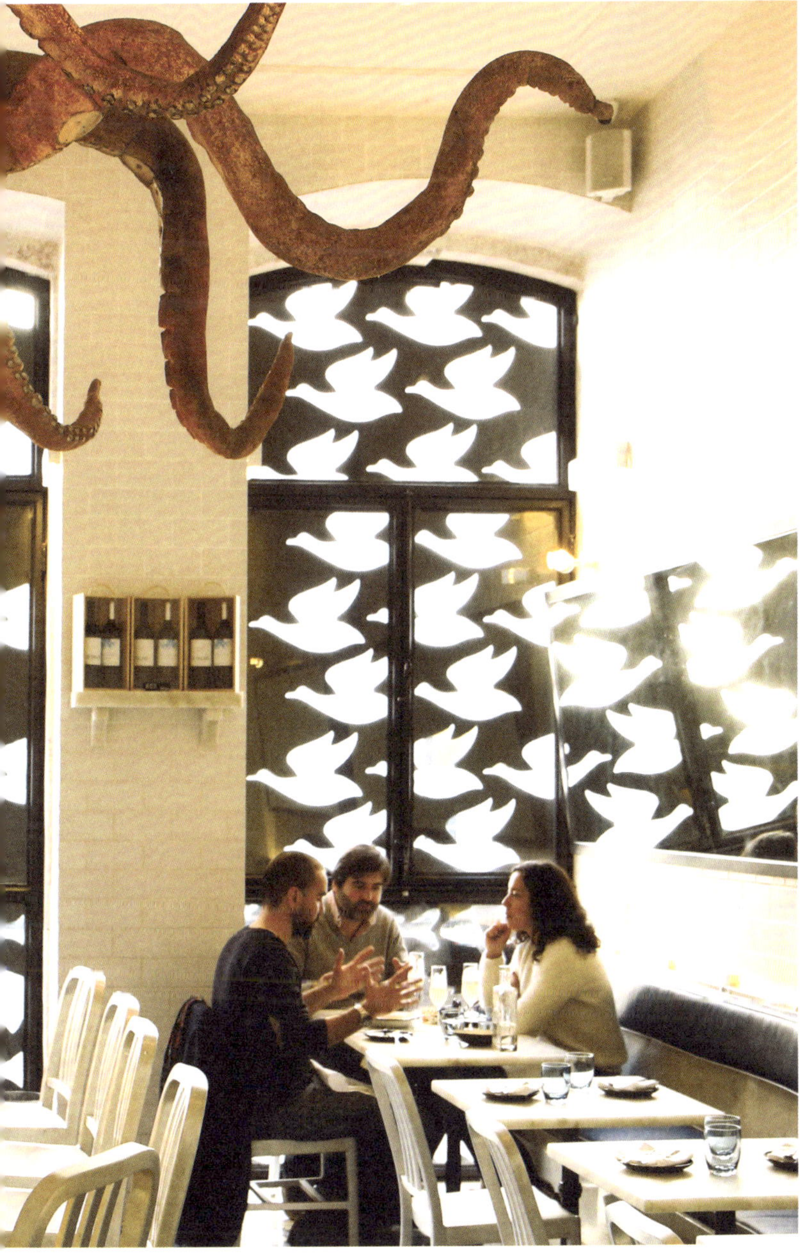

105 ADRESSES OÙ BIEN MANGER

---

5 restaurants à **COUPER LE SOUFFLE** — 22

5 restaurants où **MANGER LOCAL** — 24

5 restaurants où profiter de **L'ATMOSPHÈRE LISBOÈTE** — 26

Les 5 meilleures cartes **DE POISSONS ET DE FRUITS DE MER** — 28

Les 5 meilleurs restaurants **ASIATIQUES** — 30

5 délicieux **PETITS** restaurants — 32

Les 5 meilleures adresses de **BURGERS** — 34

5 adresses où **MANGER SAINEMENT** — 37

5 idées pour **MANGER SANS SE RUINER** — 39

Les 5 meilleures **PÂTISSERIES** — 41

5 adresses pour **BRUNCHER LE DIMANCHE** — 44

Les 5 meilleurs **MAGASINS D'ALIMENTATION** —————— 46

5 bons plans « **FROMAGE ET JAMBON FUMÉ** » —————— 48

5 restaurants au **SAVOIR-FAIRE EXCEPTIONNEL** —————— 50

5 hauts lieux de **LA CUISINE EXOTIQUE** —— 52

5 spécialités à **GOÛTER AVANT DE REPARTIR** —————— 54

Les 5 meilleurs **PASTÉIS DE NATA** —————— 56

5 adresses sur **LE THÈME DE LA MORUE** —— 58

5 adresses pour un **DÎNER AUX CHANDELLES** 60

5 adresses pour **LES AMATEURS DE VIANDE** — 62

5 bonnes adresses de **PETISCOS** —————— 64

5 restaurants à
COUPER LE SOUFFLE

---

1. **PHARMACIA**
   Rua Marechal Saldanha 1
   Santa Catarina ⑤
   +351 21 346 2146

   Installé dans le Musée de la pharmacie, ce restaurant unique en son genre reste en tous points fidèle au thème des anciennes officines. Le menu, imaginé par la chef et propriétaire Susana Felicidade, propose une cuisine réconfortante : un délice dans l'assiette. En sus, une jolie terrasse surplombe la charmante place Santa Catarina.

2. **CASA DE PASTO**
   Rua de São Paulo 20
   1º andar
   Cais do Sodré ⑥
   +351 96 373 9979
   www.casadepasto.com

   Voici une adresse branchée, dans l'un des quartiers gastronomiques les plus en vogue de la ville. Mais au-delà de l'effet de mode, les plats aussi traditionnels qu'innovants du chef Diogo Noronha complètent parfaitement le décor original qui évoque, de manière kitsch mais intentionnelle, l'ambiance des maisons traditionnelles portugaises.

3. **TAVARES**
   Rua da Misericórdia 35
   Chiado ⑥
   +351 21 342 1112
   www.restaurantetavares.net

   L'établissement le plus ancien encore en activité dans le pays. Il remonte à 1784 et a pour tradition de servir une cuisine classique, d'inspiration française. La superbe salle est décorée de boiseries dorées, de moulures, de chandeliers et de miroirs.

Excellent *Curieux*

4 **TRAVESSA**
Tv. do Convento das Bernardas 12
Madragoa ③
+351 21 394 0800
www.atravessa.com

✓ 3/2018

Tenu par Antonio et Viviane, duo belgo-portugais, le Travessa conserve son allure et son charme depuis plus de deux décennies. Situé dans un ancien couvent au cœur du quartier traditionnel de Madragoa, ce restaurant rassemble une clientèle éclectique de jet-setteurs locaux et de touristes attirés par les bons petits plats et le service irréprochable.

5 **ESPAÇO LISBOA**
Rua da Cozinha Económica 16
Alcântara ①
+351 21 361 0212
www.espacolisboa.pt

Ce restaurant unique en son genre est installé dans une ancienne usine de l'Alcântara. Les propriétaires ont recréé l'atmosphère de la vieille ville : la salle est décorée de paysages et monuments traditionnels lisboètes, ainsi que de décors de « fausses » boutiques (une épicerie, un fleuriste, un kiosque à journaux…).

3 TAVARES

5 restaurants où
MANGER LOCAL

---

6 **STOP DO BAIRRO**
Rua Tenente Ferreira Durão 55
Campo de Ourique ③
+351 21 388 8856

Ce restaurant du quartier typique du Campo de Ourique est une figure connue des habitants qui viennent y savourer de bons plats portugais à des prix raisonnables et dans une atmosphère sans chichis. Un petit resto toujours animé, où l'on se lie facilement d'amitié avec ses voisins de table.

7 **PRIMAVERA DO JERÓNIMO**
Tv. da Espera 34
Bairro Alto ⑤
+351 21 342 0477

Les murs sont tapissés de photos de célébrités qui ont visité ce petit resto simple du Bairro Alto, comme Joséphine Baker. Le menu fait la part belle au traditionnel, conférant ainsi à cette adresse une chaleur qui explique sans doute son long succès.

8 **SALSA & COENTROS**
Rua Coronel Marques Leitão 12
Alvalade ⑧
+351 21 841 0990
www.salsaecoentros.pt

Salsa & Coentros se trouve à côté de l'aéroport, un peu à l'écart des sentiers battus et des lieux où les touristes sortent souvent manger, mais le jeu en vaut la chandelle : il s'agit là de l'un des restaurants les plus primés de la ville, célèbre pour sa cuisine traditionnelle de la région de l'Alentejo.

9 **GALITO**
Rua Adelaide Cabete 7
Lumiar ⑧
+351 21 711 1088

L'endroit par excellence où goûter la cuisine traditionnelle de l'Alentejo. Les patrons, occupés en cuisine comme en salle, savent communiquer leur chaleur et leur bonne humeur. Les articles de critiques qui tapissent les murs témoignent de plusieurs décennies de reconnaissance dans les médias. Tentez la *Sopa de Cação* et les plats d'agneau.

10 **PARREIRINHA DO MINHO**
Rua Francisco
Metrass 47-49
Campo de Ourique ③
+351 21 396 9028

Ce sympathique restaurant familial de quartier propose de divines grillades de viande et de poisson. Il compte surtout un fan-club d'habitués, certains y mangeant même toutes les semaines.

6 STOP DO BAIRRO

5 restaurants où profiter de L'ATMOSPHÈRE LISBOÈTE

---

11 **100 MANEIRAS**
Largo da Trindade 9
Chiado ⑥
+351 91 030 7575
www.restaurante
100maneiras.com

L'une des meilleures ambiances de la ville. Les plats ne sont pas en reste, mélangeant habilement les traditions culinaires portugaise, française et yougoslave, non sans audace d'ailleurs. Voilà la signature culinaire de son chef, Ljubomir Stanisic, dont l'enfance et l'adolescence, passées respectivement à Sarajevo et Belgrade, ont forgé en lui un refus total de brider sa créativité.

12 **MINI BAR**
Rua António Maria
Cardoso 58
Chiado ⑥
+351 21 130 5393
www.minibar.pt

Le célèbre chef José Avillez a installé ce pub-restaurant dans un ancien théâtre à deux pas du Belcanto, son restaurant doublement étoilé au *Michelin*. Le menu regorge de tapas d'inspiration portugaise. Le cadre, à la fois informel et sophistiqué, fait écho au passé théâtral du bâtiment.

13 **TABERNA MODERNA**
Rua dos
Bacalhoeiros 18A
Baixa ⑥
+351 21 886 5039
www.tabernamoderna.
com

Nichée à la frontière de l'Alfama, la Taberna Moderna porte bien son nom, à savoir « taverne moderne ». Ses propriétaires se sont inspirés des petits restos traditionnels disséminés partout en ville, mais en ajoutant une touche contemporaine au concept.

14 **THE DECADENTE**
Rua de São Pedro de
Alcântara 81
Chiado ⑥
+351 21 346 1381
www.thedecadente.pt

Né de l'imagination des frères Eça Leal et adjacent à leur auberge maintes fois primée, The Decadente est l'un des hauts lieux de la ville. Atmosphère éclectique et clientèle internationale garantissent une bonne ambiance chaque soir.

15 **SANTO ANTÓNIO DE ALFAMA**
Beco de São Miguel 7
Alfama ⑦
+351 21 888 1328
www.siteantonio.com

Ce restaurant sur trois étages dispose d'un emplacement exceptionnel. Essayez d'obtenir une table sur la splendide terrasse extérieure (premier arrivé, premier servi !), établie dans une ruelle recouverte de vignes à côté de laquelle les résidents vaquent tranquillement à leurs occupations.

14 THE DECADENTE

Les 5 meilleures cartes
DE POISSONS ET DE FRUITS DE MER

---

16 RAMIRO
Avenida Almirante Reis 1 - H
Saldanha ⑧
+351 21 885 1024
www.cervejaria
ramiro.pt

Ramiro, le restaurant de poissons le plus connu de Lisbonne, va bientôt fêter son demi-siècle. Il attire toujours les amateurs du monde entier pour la qualité de ses produits, nettement au-dessus de la moyenne. Tout ici est pêché quotidiennement dans les eaux froides de l'Atlantique et cuisiné à la perfection. Réservez à l'avance, cette adresse fait salle comble tous les soirs.

17 SEA ME
Rua do Loreto 21
Chiado ⑥
+351 21 346 1564
www.peixaria
moderna.com

Sea Me se définit comme un « marché aux poissons moderne », où l'on peut acheter et déguster poissons et fruits de mer. Un assortiment des produits proposés provient d'ailleurs directement des aquariums d'eau salée présents sur place, contenant ces crustacés encore vivants.

18 **IBO MARISQUEIRA**
Rua da Cintura
do Porto 22
Cais do Sodré ⑥
+351 21 342 3611
www.ibo-restaurante.pt

Un ancien entrepôt de sel au bord de l'eau accueille l'un des restaurants les plus atypiques de la ville. Inspiré par la cuisine du Mozambique, une ancienne colonie portugaise, le menu mêle aussi quelques influences indiennes (Goa). Leurs coquilles Saint-Jacques sont charnues et goûteuses comme on en voit rarement.

19 **AQUI HÁ PEIXE**
Rua da Trindade 18A
Chiado ⑥
+351 21 343 2154
www.aquihapeixe.pt

Vous serez certain d'y trouver du poisson de qualité, grillé à la perfection par le chef et propriétaire Miguel Reino. Sa femme Mafalda et lui sont des restaurateurs chevronnés et plutôt « jet-set », dont les nombreux fans enthousiastes ont continué à affluer après qu'ils eurent déménagé depuis Pego, plage hippie-chic de Comporta, vers le Chiado.

20 **MARISQUEIRA AZUL**
Mercado da Ribeira,
Av. 24 de Julho 49
Cais do Sodré ⑥
+351 91 229 3170

Nuno Bergonse, jeune chef lisboète prometteur, a installé ce restaurant au Mercado da Ribeira, juste à côté des étals de poissons les plus frais de la ville. La qualité des produits fait ici partie de la recette. Son décor branché et urbain le distingue des autres restaurants du même type.

Les 5 meilleurs restaurants
ASIATIQUES

---

21 CAXEMIRA
Rua Condes de
Monsanto 4
Baixa ⑥
+351 21 886 5486

Un bon choix pour les amateurs de cuisine indienne, qui se cache au premier étage d'un immeuble de la Praça da Figueira. Trouver une table n'est pas toujours évident non plus ; n'oubliez pas de réserver. Ce restaurant est connu pour ses *samosas* traditionnels et son curry de crevettes, sauce coco. En dessert, essayez le *bebinca*.

22 SUSHICAFÉ AVENIDA
Rua Barata
Salgueiro 28
Av. da Liberdade ④
+351 21 192 8158
*www.sushicafe.pt/
sushicafe-avenida*

Cette adresse est le vaisseau amiral d'une chaîne de restaurants japonais et panasiatiques de haute qualité répartis dans la ville. Vous y trouverez une atmosphère sophistiquée et contemporaine, d'excellents sushis et sashimis fusion ainsi que d'autres spécialités japonaises.

23 DINASTIA TANG
Rua do Açúcar 107
Beato ⑨
+351 21 812 3349
*www.restaurante-
chines.com*

Installé à l'intérieur d'un ancien entrepôt à vin du quartier en vogue du Beato, ce restaurant est tout à fait exceptionnel. On y sert une cuisine chinoise authentique de la région de Canton. Le cadre, magique, vous ramènera à l'époque des dynasties Ming et Tang.

Très agréable à l'intérieur Nouvelles

24 **ESTE OESTE**
Centro Cultural de Belém
Praça do Império
Belém ②
+351 21 590 4358
www.esteoeste.pt

Situé à l'intérieur du CCB (Centre culturel de Belém), ce restaurant est un grand favori des familles et des groupes d'amis. On y vient pour l'atmosphère fun et pour le menu rassemblant plats asiatiques, pâtes, burgers et pizzas. La terrasse extérieure offre une vue spectaculaire sur les monuments adjacents.

25 **TABERNA JAPONESA**
Rua Coelho
da Rocha 20A
Campo de Ourique ③
+351 21 395 5555

Ancien sushi chef principal au Yakuza, Aguinaldo Silva a décidé de se lancer seul dans l'aventure et d'ouvrir une taverne japonaise dans le quartier du Campo de Ourique. Prenez place à un comptoir en bois et dégustez de fantastiques sushis et sashimis, ou laissez-vous tenter par une succulente morue noire aux pousses de gingembre marinées.

24 ESTE OESTE

5 délicieux
PETITS RESTAURANTS

---

26 **TABERNA DA RUA DAS FLORES**
Rua das Flores 103
Chiado ⑥
+351 21 347 9418

Une file de personnes semble constamment longer ce restaurant, et la raison est simple : une petite adresse qui ne prend pas de réservations, mais aux plats délicieux et bon marché. Tenu par le chef autodidacte André Magalhães, ce minuscule temple de la cuisine traditionnelle renvoie aux anciennes *tabernas* de Lisbonne tant pour son décor que pour sa cuisine.

27 **LEOPOLD**
Rua São Cristóvão 27
Mouraria ⑦
+351 21 886 1697

Difficile de faire plus petit… Ce restaurant lilliputien de Mouraria ne peut guère accueillir que 12 personnes ! Tous y viennent bien sûr pour la cuisine inventive de Tiago Feio, chef et patron. La cuisine ne possède pas de conduit d'évacuation, donc… pas de cuisinière. Et pourtant, ce restaurant sans taques de cuisson parvient tout de même à servir des plats exceptionnels. Il faut le voir pour le croire !

28 APICIUS

Rua da Cruz dos
Poiais 89
Príncipe Real ⑤
+351 21 390 0652
www.apicius.pt

Un petit restaurant convivial, au service personnalisé. Sur la carte, vous trouverez des spécialités internationales, originales et contemporaines, joliment dressées. Francisco Magalhães et Joana Xardoné, le couple de chefs aux fourneaux, ont commencé dans d'autres restaurants à succès avant de tenter l'aventure en duo.

29 KANAZAWA

R. Damião de Góis 3A
Algés ①
www.kanazawa.pt

Le chef japonais Tomoaki Kanazawa, également propriétaire du très acclamé Tomo, a ouvert un minuscule restaurant de seulement 8 couverts à Algés. Il y propose une cuisine *kaizeki* et un menu surprise d'une douzaine de plats débordant d'imagination qui vous éblouiront sûrement. Le service est assuré par sa femme et sa fille, rendant ainsi l'expérience encore plus unique. Un restaurant détonnant.

30 CEVICHERIA

R. Dom Pedro V 129
Príncipe Real ⑤
+351 21 803 8815
www.chefkiko.com

Kiko, chef et patron du Cevicheria, est l'une des étoiles montantes de la gastronomie locale. Ces ceviches et tartares sont tellement bons que les gens font la queue chaque jour devant ce restaurant dans l'espoir d'obtenir une des tables hautement convoitées et d'y siroter leur mortel *Pisco Sours*.

Les 5 meilleures adresses de
BURGERS

---

31 HONORATO
Rua da Palmeira 33A
Príncipe Real ⑤
+351 21 346 0248
www.honorato.pt

Bien qu'il s'agisse aujourd'hui de l'une des plus grandes chaînes de fast-food du pays, implantée à Lisbonne et partout ailleurs, Honorato ne comptait à ses débuts qu'un seul restaurant dans le Príncipe Real où le maître en la matière, Márcio Honorato, a créé les icônes que sont devenus les *X-Tudo*, *Capitão Fausto* ou *Troika*.

32 HAMBURGUERIA DO BAIRRO
Rua Ilha dos Amores 4
Parque das Nações ⑩
+351 21 894 1175
www.hamburgueria
dobairro.com

Une autre chaîne de hamburgers de la ville qui compte plusieurs antennes dans le Príncipe Real, Santos, Restelo et Parque das Nações, ayant chacune leur propre personnalité. Le menu reprend 11 recettes différentes, toutes préparées avec 160 grammes de bœuf de qualité supérieure, à l'exception d'un seul, destiné aux végétariens et préparé avec du tofu.

CAIS DA PEDRA

33 **CAIS DA PEDRA**
Armazém B, loja 9,
Avenida Infante Dom Henrique
Santa Apolónia ⑨
+351 21 887 1651
www.caisdapedra.pt

Le chef Henrique Sá Pessoa, connu du petit écran, est à l'origine de cette adresse de burgers à l'intérieur d'un ancien entrepôt d'envergure situé le long du fleuve. Ses associés possèdent aussi les restaurants Honorato, mais les concepts diffèrent : les recettes ont ici été créées par Henrique, qui est parvenu à faire rimer « viande hachée » avec « créativité » et « sophistiquée ».

34 **MUNCHIE**
Praça das Flores 40
Príncipe Real ⑤
+351 21 594 1802

Les burgers Munchie ont débuté à Porto, avant que leur succès immédiat ne mène les propriétaires à ouvrir un restaurant à Lisbonne, sur la jolie Praça das Flores. L'endroit possède une belle terrasse surplombant un jardin, d'où l'on peut déguster des recettes de burgers inspirées par les 7 péchés capitaux. Une alternative veggie, avec des courgettes, existe également.

35 **TO.B**
Rua Capelo 24
Chiado ⑥
+351 21 347 1046

Chez To.B, tous les burgers sont préparés avec de la viande provenant des Açores, célèbres pour leurs pâturages verdoyants et exempts de pollution. Son propriétaire, Carlos Cortês, auparavant cadre dans un grand groupe portugais, est toujours fidèle au rendez-vous. Voilà qui ajoute une touche encore plus personnelle à l'établissement.

5 adresses où
MANGER SAINEMENT

---

36 **THE FOOD TEMPLE**
Beco do Jasmim 18
Mouraria ⑦
+351 21 887 4397
www.thefoodtemple.com

Alice Ming a ouvert ce restaurant végétarien sur une magnifique placette en cul-de-sac du quartier Mouraria. Le menu change quotidiennement en fonction de l'offre sur le marché, mais est toujours imaginé avec beaucoup de cœur. Réservation conseillée. Demandez à être assis sur les escaliers de la place, l'expérience n'en est que plus belle.

37 **TIBETANOS**
Rua do Salitre 117
Av. da Liberdade ④
+351 21 314 2038
www.tibetanos.com

Ce restaurant d'inspiration tibétaine ouvert le midi et le soir est un favori des locaux soucieux de leur santé. Partie intégrante d'un centre culturel comprenant une école bouddhiste, c'est aussi l'un des plus anciens restaurants veggie de la ville. Les mois d'été, on adore la terrasse à l'arrière.

38 **MISS SAIGON**
Rua Cais das Naus
Parque das Nações ⑩
+351 21 099 6589
www.miss-saigon.pt

Cette adresse végétarienne propose une « cuisine veggie internationale », dont les plats s'inspirent des traditions culinaires occidentales et orientales. En 2015, Miss Saigon fit partie des 25 meilleurs restaurants végétariens au monde sélectionnés par le site Daily Meal.

39 **JARDIM DAS CEREJAS**
Calçada do Sacramento 36
Chiado ⑥
+351 21 346 9308
www.jardim dascerejas.com

Un petit resto convivial installé dans une ruelle donnant sur la Rua Garrett, artère animée, dans la direction de Largo do Carmo. Il offre tous les jours un buffet végétarien à très bon prix. Le chouchou de beaucoup de visiteurs du monde entier.

40 **ERVA**
Praça Martim Moniz/
quiosque 8
Baixa ⑥
+351 93 482 5753

Ce petit kiosque sur la place Martim Moniz est l'un des premiers restaurants strictement végétariens de la ville. Carla Contige, sa propriétaire, possède également Nós É Mais Bolos dans le Mercado da Ribeira. Cette ancienne mannequin devenue restauratrice fait figure de fer de lance du mouvement végétarien lisboète.

5 idées pour
MANGER SANS SE RUINER

---

41 **COZINHA POPULAR DA MOURARIA**
Rua das Olarias 5
Mouraria ⑦
+351 92 652 0568

On doit ce restaurant de Mouraria à Adriana Freire, photographe et aficionado de la cuisine. Il s'agit en fait d'un projet social : Adriana aide les plus démunis à s'intégrer en leur proposant un emploi dans son restaurant. « Restaurant » n'est peut-être pas le mot juste, puisque cette adresse sert aussi de cuisine communautaire aux résidents qui désirent se lancer eux-mêmes dans la petite restauration.

42 **MARTIM MONIZ**
Baixa ⑥

Le Martim Moniz est un « marché fusion », installé sur une place du centre-ville. Il compte une dizaine de kiosques aux senteurs des quatre coins du monde. Beaucoup d'événements y ont également lieu, tous destinés à célébrer la diversité culturelle de ce quartier de Lisbonne.

43 **BOTEQUIM DA GRAÇA**
Largo da Graça 79-80
Graça ⑦
+351 21 888 8511
www.botequim.net

Fondé en 1968 par la célèbre écrivaine Natália Correia, c'est depuis des décennies le lieu de rendez-vous des artistes et intellectuels. Nuits de poésie et concerts live sont organisés dans cette atmosphère rétro au décor ancien. Au menu, tapas portugais.

44 **PISTOLA Y CORAZÓN**
Rua da Boavista 16
Santa Catarina ⑤
+351 21 342 0482
www.pistolaycorazon.com

Quoi de plus authentique que cette petite *taqueria* (restaurant de tacos) ? Dès la porte franchie, on se croirait au cœur de Mexico City. Un merveilleux endroit où profiter de cocktails originaux, la plupart à base de tequila, sur un joli fond musical.

45 **OSTERIA**
Rua das Madres 52-54
Madragoa ③
+351 21 396 0584
www.osteria.pt

À moins d'aller en Italie, l'Osteria est probablement ce qui, à Lisbonne, se rapproche le plus d'un authentique restaurant italien. Son chef, italien, prépare de bons petits plats traditionnels. Le service est à l'image du menu : chaleureux, convivial et détendu.

Les 5 meilleures
PÂTISSERIES

---

46 **NÓS É MAIS BOLOS**
Mercado da Ribeira
Cais do Sodré ⑥
+351 21 346 0237
www.nosemaisbolos.com

Cette pâtisserie renommée se situe sur le Mercado da Ribeira. Elle propose un assortiment des meilleurs gâteaux portugais, dont le traditionnel *pão de ló* (génoise). Idéal pour un petit dessert après un repas dans l'une des échoppes du Mercado.

47 **LANDEAU CHOCOLATE**
Rua das Flores 70
Chiado ⑥
+351 91 181 0801
www.landeau.pt

Sofia Landeau a imaginé un délicieux gâteau au chocolat qu'elle vend à présent dans ses boutiques de la Rua das Flores et chez LX Factory. Le *New York Times* l'a qualifié de « diablement bon », d'autres préfèrent dire qu'il est divin. Une couche de mousse au chocolat noir recouvre le fond moelleux de ce gâteau riche et onctueux à souhait.

Casa dos Ovos Moles em Lisboa

+ L'éclair !

→ Volume de chocolat !

+ chocolate, café & cacao
Nicolas & Bahia
Rua Escola Politécnica 4
Príncipe Real

↘ & Mercado da Ribeira !

50 CASA DOS OVOS MOLES

48 **MELHOR BOLO DE CHOCOLATE DO MUNDO**
Rua Terente Ferreira Durão 62
Campo de Ourique ③
+351 21 396 5372
www.omelhorbolode
chocolatedomundo
bycbl.com

Carlos Brás Lopes, ancien restaurateur, a inventé un gâteau au chocolat délicieusement sucré qu'il a sobrement baptisé « le meilleur gâteau au chocolat du monde ». Beaucoup sont du même avis et reconnaissent qu'il est difficile de faire mieux. Tellement bon et apprécié que Carlos a même ouvert d'autres boutiques à New York, Londres et São Paulo.

49 **BOLO DA MARTA**
LX Factory,
Livraria Ler Devagar,
R. Rodrigues Faria 103
Alcântara ①
+351 91 892 9654

Très populaire, l'aventure pâtissière de Marta Gonçalves a débuté très simplement en confectionnant sa célèbre *pavlova* pour des soirées entre amis. Les commandes s'accumulant petit à petit, c'est à ce moment qu'elle a réalisé qu'elle pourrait en faire son métier. Sa boutique à l'intérieur de Ler Devagar, la librairie du LX Factory, déborde de succulentes douceurs.

50 **CASA DOS OVOS MOLES**
Calçada da Estrela 140-142
Estrela ③
+351 91 930 3788
www.casadosovosmole-
semlisboa.pt

Le Portugal possède une tradition bien ancrée de fabriquer des desserts à base d'œufs. Cette habitude remonte à un temps où les sœurs des couvents portugais utilisaient les blancs d'œufs pour amidonner leurs habits. Les jaunes qui restaient servaient bien souvent à confectionner des sucreries. Si l'envie vous prend d'essayer ces *ovos moles*, cette petite boutique de l'Estrela est tout indiquée.

5 adresses pour
BRUNCHER LE DIMANCHE

---

51 **CARMO**
Largo do Carmo 11
Chiado ⑥
+351 21 346 0088
www.restaurantecarmo.com

Cette adresse propose des spécialités portugaises dans un joli cadre évoquant un appartement raffiné. Le menu brunch du dimanche compte de bons petits en-cas, des assortiments régionaux et des desserts traditionnels pour un prix très correct.

52 **ESTUFA REAL**
Jardim Botânico da Ajuda
Calçada do Galvão
Ajuda ①
+351 21 361 9400
www.estufareal.com

Un must en matière de brunch du dimanche. Le décor est splendide, puisque vous pourrez admirer un panorama époustouflant sur le fleuve depuis une ancienne serre reconvertie du Jardin botanique de l'Ajuda. Un havre de paix comme il se fait rare en ville. Le foisonnement de plats chauds et froids disponibles justifie amplement le prix un peu élevé.

53 CANELA
Praça das Flores 25-29
Príncipe Real ⑤
+351 21 397 2220
www.canela.pt

Canela, sur la Praça das Flores, se décline en trois versions : une pâtisserie, un restaurant et une aire de jeux amusante pour les enfants de sa clientèle. Le dimanche, le restaurant propose un brunch que l'on peut aussi déguster sur la jolie terrasse extérieure.

54 POIS CAFÉ
Rua de São João da Praça 93-95
Sé ⑦
+351 21 886 2497
www.poiscafe.com

Comme le brunch y est disponible tous les jours de la semaine, pas besoin d'attendre le week-end pour profiter de leurs spécialités. Mais le Pois Café est surtout le genre d'endroit qui rallie les groupes d'amis ou qui invite à la détente sur ses canapés confortables. Le menu propose également des plats autrichiens et une variété de salades.

55 BICA DO SAPATO
Av. Infante Dom Henrique,
Arm. B, Cais da Pedra
Santa Apolónia ⑨
+351 21 881 0320
www.bicadosapato.com

Bica do Sapato appartient à un groupe de restaurateurs et d'artistes dont fait partie John Malkovich. Son emplacement sur les rives du fleuve est unique ; son décor, cosmopolite. Le brunch du dimanche est un succès, même auprès des Lisboètes pure souche.

Les 5 meilleurs

MAGASINS D'ALIMENTATION

---

56 **SILVA & FEIJÓO**
Rua dos
Bacalhoeiros 117
Baixa ⑥
+351 91 216 3084

Niché dans une boutique de 1919, Silva & Feijóo offre un grand assortiment de produits traditionnels des quatre coins du Portugal, de Madère ou des Açores. On y trouve notamment des pains de campagne, du vin, des liqueurs, du fromage, des viandes fumées et du saucisson.

57 **CLUB DEL GOURMET**
Av. António Augusto
de Aguiar 31
Avenidas Novas ⑧
+351 21 371 1700
www.elcorteingles.pt

Cette boutique à l'intérieur du grand magasin El Corte Inglès compte plus de 6 000 spécialités différentes : viandes fumées, aliments en conserve, pâtes, huile d'olive… La liste des vins peut se targuer de quelques exemplaires rares et vintage. Le service est soigné et les conseils avisés.

58 **DELI DELUX**
Av. Infante Dom
Henrique,
Cais da Pedro, Arm. B,
loja 8
Santa Apolónia ⑨
+351 21 886 2070
www.delidelux.pt

Deli Delux, épicerie-café tendance, occupe un ancien entrepôt reconverti de Santa Apolónia. Le choix y est inégalé à Lisbonne. La partie café propose des repas légers préparés avec les produits mis en vente et possède une terrasse extérieure depuis laquelle on profite d'une vue magnifique sur le Tage.

59 MERCEARIA DOS AÇORES

Rua da Madalena 115
Baixa ⑥
+351 21 888 0070
www.mercearia
dosacores.pt

L'archipel des Açores est la région du Portugal la plus éloignée et la plus immaculée. Les eaux riches de l'Atlantique y produisent le meilleur poisson du pays, et sa campagne est un paradis de l'agriculture biologique. Cette adresse ne vend que des produits de cette région, comme des ananas, du thon, des thés bio et des produits laitiers de haute qualité.

60 CONSERVEIRA DE LISBOA/NACIONAL

Rua dos Bacalhoeiros 34
Baixa ⑥
+351 21 886 4009
www.conserveira
delisboa.pt

Le Portugal possède une longue tradition de *conservas* (aliments en conserve) : ses habitants en produisent et en consomment depuis des générations. Elles comptent par conséquent parmi les meilleures au monde. Porte-drapeau de cette industrie, la boutique du Conserveira Nacional révèle une sélection inégalée de variétés et de marques. Un musée vivant de la conserve.

60 CONSERVEIRA DE LISBOA

5 bons plans
« FROMAGE ET JAMBON FUMÉ »

---

61 QUEIJARIA CHEESE SHOP
Rua das Flores 64
Chiado ⑥
+351 21 346 0474
www.queijaria.wix.
com/queijaria

La fromagerie Queijaria entend vous faire découvrir la richesse et la diversité des fromages artisanaux portugais. Les accros du fromage peuvent ici satisfaire leur curiosité dans le *cheese bar* en dégustant toutes sortes de variétés autour d'un verre de vin.

62 MANTEIGARIA SILVA
Rua Dom Antão De
Almada 1
Baixa ⑥
+351 21 342 4905
www.manteigaria
silva.pt

Une institution depuis 1890 ! La famille Silva tient toujours les rênes depuis cette époque. Vous y trouverez une sélection de fromages fins (dont certains affinés sur place), de viandes fumées (tranchées sur une machine centenaire) et de morue séchée de la mer du Nord.

63 MOY
Rua Dom Pedro V 111
Príncipe Real ⑤
+351 21 346 7011

Moy compte deux boutiques à Lisbonne, l'une dans le Príncipe Real et l'autre dans l'Alvalade. Les deux offrent un large assortiment de produits fins, dont des fromages du pays : Serra, Azeitão, Ilha, Nisa… L'œil expert du personnel vous aidera à sélectionner le fromage idéal tout en vous racontant son origine et son procédé de fabrication.

64 **CINCO JOTAS**
Avenida António
Augusto de Aguiar 31
El Corte Inglés, Piso 7
Avenidas Novas ⑧
+351 21 371 1700

Ce commerce au dernier étage du grand magasin El Corte Inglés propose les viandes fumées de l'une des meilleures marques mondiales, Cinco Jotas. Toutes les viandes ont été vieillies dans la région espagnole de Jabugo, où les porcs noirs ibériques sont élevés en plein air pendant cinq ans et nourris aux glands.

65 **QUEIJARIA NACIONAL**
Rua da Conceição 8
Baixa ⑥
+351 91 208 2450

Queijaria Nacional, fromagerie spécialisée, sélectionne les meilleures productions artisanales de toutes les régions du Portugal. Vous pouvez les déguster sur place, accompagnées d'un bon verre de vin et d'une tranche de jambon fumé. Cette adresse se situe juste devant l'un des arrêts du célèbre tram 28. Pratique.

62 **MANTEIGARIA SILVA**

5 restaurants au

SAVOIR-FAIRE EXCEPTIONNEL

---

66 **ELEVEN**
Jardim Amália Rodrigues
Rua Marquês de Fronteira
Parque Eduardo VII ④
+351 21 386 2211
www.restauranteleven.com

Installé dans le Parque Eduardo VII, le Central Park lisboète, Eleven offre un panorama impressionnant sur la ville et le Tage. Sa cuisine, récompensée d'une étoile au *Michelin*, est l'œuvre du chef Joachim Koerper, qui travaille exclusivement avec les meilleurs produits locaux, en particulier le poisson. Le cadre, lui, est sophistiqué et dans l'air du temps.

67 **BELCANTO**
Largo de São Carlos 10
Chiado ⑥
+351 21 342 0607
www.belcanto.pt

À deux pas de l'Opéra, Belcanto est le joyau des restaurants appartenant au célèbre José Avillez. C'est aussi le seul de la ville à avoir été doublement étoilé au *Michelin*. Le savoir-faire est exceptionnel et rend à chaque fois l'expérience mémorable.

68 **FEITORIA**
Altis Belém Hôtel & Spa, Doca do Bom Sucesso
Belém ②
+351 21 040 0207
www.restaurante feitoria.com

À la barre de ce restaurant décoré d'une étoile au *Michelin*, on retrouve João Fernandes, l'un des plus jeunes grands chefs du pays. Installée à l'intérieur de l'hôtel Altis Belém, cette adresse propose des plats innovants servis dans un cadre rendant hommage aux grandes découvertes portugaises des XVe et XVIe siècles.

69 **VARANDA**
Rua Rodrigo da Fonseca 88
Parque Eduardo VII ④
+351 21 381 1400
www.fourseasons.com/lisbon

Très connue pour son buffet lunch, cette adresse est l'un des hauts lieux de l'heure de table. Les plats sont succulents et si bien présentés que l'on doit résister à la tentation de les prendre en photo. Le service classique Quatre Saisons, un sans-faute, complète en beauté ce tableau.

70 **ALMA**
Rua Anchieta 15
Chiado ⑥
+351 21 347 0650
www.almalisboa.pt

Après être resté en suspens pendant plusieurs années, ce concept imaginé par le célèbre chef Henrique Sá Pessoa renaît depuis peu, au grand délice de ses fans, dans une bâtisse du Chiado aux arches de pierre. Le chef y laisse libre cours à son imagination en cuisine, laquelle conserve toutefois une âme profondément portugaise. C'est précisément ce que veut dire *alma*.

5 hauts lieux de la
CUISINE EXOTIQUE

---

71 **CASA DOS CARACÓIS**
Rua de Campolide
370 B/C
Campolide ④
+351 21 727 1744
www.casadoscaracois.pt

Difficile de trouver plus local. Cette adresse se spécialise dans les escargots et appartient à la plus grande société d'import-export portugaise de ces gastéropodes. Spécialité particulièrement appréciée au Portugal, en particulier dans les tavernes, c'est avec le temps qu'on apprécie son goût ; aussi n'ayez pas peur de vous lancer.

72 **CANTINHO DO AZIZ**
Rua de São
Lourenço 5
Mouraria ⑦
+351 21 887 6472

La Cantinho do Aziz respire l'exotisme. Par son emplacement tout d'abord, dans une ruelle à l'écart des sentiers battus du quartier populaire du Mouraria. Par son menu ensuite, mêlant spécialités mozambicaines et indiennes, reflétant l'héritage familial de son propriétaire, Aziz all Hallal. Une forte personnalité d'ailleurs, fier de sa cuisine comme tout bon chef devrait l'être.

73 **JESUS É GOÊS**
Rua de São José 23
Av. da Liberdade ④
+351 21 154 5812

Jesus, chef à la joie de vivre débordante, vient de Goa, une ancienne colonie portugaise en Inde. Le nom du restaurant se traduit d'ailleurs par « Jesus vient de Goa » – véridique. Les plats goans traditionnels et épicés qu'il y cuisine mélangent ingrédients exotiques et aliments qui furent importés par les Portugais.

74 **ASSOCIAÇÃO CABOVERDEANA**
Rua Duque de Palmela 2, 8º
Av. da Liberdade ④
+351 21 359 3367
www.acabo verdeana.org

Ce petit secret bien gardé ne se trouve pas facilement. Il se situe au dernier étage d'un immeuble de bureaux. L'Associação Caboverdeana a en fait pour objectif de promouvoir la culture cap-verdienne. Et quel meilleur vecteur que la gastronomie ? Le restaurant est ouvert à midi en semaine et offre une cuisine traditionnelle sur fond de musique live africaine.

75 **SOL E PESCA**
Rua Nova do Carvalho 44
Cais do Sodré ⑥
+351 21 346 7203
www.solepesca.com

Cet ancien commerce d'équipements de pêche, dont le décor n'a presque pas bougé, accueille à présent l'un des bars-restaurants les plus originaux de Lisbonne. Tout ce qui est inscrit au menu est préparé uniquement avec des conserves de poissons et de fruits de mer. Pour une expérience encore plus inoubliable, n'hésitez pas à vous asseoir dehors, dans la rue.

5 spécialités à GOÛTER AVANT DE REPARTIR

---

76 GINJINHA

Cette liqueur portugaise est la boisson alcoolisée typique de Lisbonne. On en trouve dans une foule de petits kiosques autour de la ville, en particulier dans le Baixa, au centre-ville. Elle se prépare en laissant des cerises griottes infuser dans l'alcool, auxquelles on ajoute ensuite du sucre.

77 SARDINHAS

Impossible de visiter Lisbonne et de ne pas goûter à ces fameuses sardines, surtout si vous y venez entre avril et octobre. Partout, dans la rue, devant les maisons ou les restaurants, on sent la délicieuse odeur de ces petits poissons gras (riches en vitamines et minéraux) en train de griller. Attention aux fines arêtes, elles se logent parfois dans des endroits inattendus.

78 CONSERVAS

Dans le temps, bien avant l'invention du réfrigérateur, ces *conservas* étaient une manière de préserver les aliments. Extrêmement populaires, elles sont devenues un produit d'exportation majeur. La modernisation a porté un coup certain à cette industrie, jusqu'à presque disparaître. Mais le « retour à l'essentiel » prôné ces dernières années leur a redonné un nouveau visage. On trouve à présent ces conserves dans les épiceries fines et boutiques de souvenirs de la ville.

79 PASTÉIS DE NATA

Les desserts les plus vénérés de la ville, qu'on trouve dans tous les cafés. Les plus connus sont certainement ceux de Belém, quartier qui affirme d'ailleurs posséder la recette originale. Ils sont vraiment délicieux, mais tentez quand même d'autres boutiques et essayez de repérer les différences.

80 CALDO VERDE

Si le Portugal a pour habitude de se surnommer « pays de la soupe », la *caldo verde* (soupe de chou vert) en est sans doute l'étendard. Une soupe simple mais goûteuse, à base de crème de pommes de terre et de morceaux de chou vert. Et comme touche finale, une goutte d'huile d'olive extra vierge et quelques tranches de *chouriço* (saucisson fumé).

Les 5 meilleurs
PASTÉIS DE NATA

---

81 **PASTÉIS DE BELÉM**
Rua de Belém 84-92
Belém ②
+351 21 363 7423
www.pasteisdebelem.pt

Les tenanciers des Pastéis de Belém affirment détenir la recette originale de ce dessert populaire. La tradition pourrait bien leur donner raison, puisque l'on raconte que la recette trouve son origine au monastère des Hiéronymites situé à deux pas. Venir à Lisbonne et ne pas en goûter serait comme visiter Rome sans commander de pâtes.

82 **PASTELARIA CRISTAL**
Rua Buenos Aires 25A
Lapa ③
+351 21 404 4848

Cristal, une petite pâtisserie du quartier chic de Lapa, confectionne des *pastéis* ultra-appétissants. Ce commerce est plusieurs fois lauréat du titre de « meilleur *pastel de nata* de la ville ». Pour la petite histoire, les Pastéis de Belém n'y participent jamais, puisqu'ils disent faire l'objet d'une catégorie à part.

83 **MANTEIGARIA**
Rua do Loreto 2
Chiado ⑥
+351 21 347 1492

Un des derniers arrivés sur le marché du *pastel de nata* lisboète. Cette boutique moderne entend établir un nouveau standard en matière de qualité et de design. Les tartelettes sortent du four toute la journée, aussi serez-vous sûr d'en obtenir une (ou plusieurs) encore fumante(s).

84 NATA LISBOA
Rua de Santa Cruz do Castelo 7
Castelo ⑦
+351 21 887 2050
www.natalisboa.com

Derrière NATA Lisboa se cache un concept franchisé présent dans plusieurs quartiers de Lisbonne ainsi qu'à l'étranger. Des maîtres-pâtissiers ont savamment peaufiné la recette de ces tartelettes pour que leur goût ne diffère pas entre Lisbonne, Londres, Hong Kong, bref, partout dans le monde.

85 ALOMA
Rua Francisco Metrass 67
Campo de Ourique ③
+351 21 396 3797
www.omelhorpastel denatadelisboa.com

C'est dans cette petite pâtisserie du Campo de Ourique que l'aventure Aloma a commencé. Le succès rencontré par leurs *pastéis de nata* les a poussés ensuite à ouvrir d'autres commerces dans la ville, comme dans le Mercado da Ribeira et dans le Chiado. Leurs tartelettes ont d'ailleurs plusieurs fois gagné le titre de « best of the best » de Lisbonne.

5 adresses sur
LE THÈME DE LA MORUE

---

86 **CASA DO BACALHAU**
Rua do Grilo 54
Beato ⑨
+351 21 862 0000
www.acasadobacalhau.com

Comme son nom l'indique, la Casa do Bacalhau (« Maison de la Morue ») est un haut lieu… de la morue. Installé au rez-de-chaussée d'un palais du XVIIIe siècle aux voûtes en brique, le restaurant décline la morue sous toutes ses formes à travers 25 recettes différentes, certaines traditionnelles, d'autres plus contemporaines.

87 **CASA PORTUGUESA DO PASTEL DE BACALHAU**
Rua Augusta 106-108
Baixa ⑥
+351 916 486 888
www.pasteidebacalhau.com

Ce petit commerce du Baixa fait grand bruit depuis son ouverture, et surtout depuis qu'il a eu l'idée de confectionner des gâteaux à la morue fourrés au fromage Serra fondant. Une combinaison à laquelle personne n'avait jamais songé, mais qui a gagné une foule d'amateurs (et de détracteurs).

88 GAMBRINUS
Rua das Portas de Santo Antão 23
Baixa ⑥
+351 21 342 1466
www.gambrinus
lisboa.com

Bien que Gambrinus ait ouvert ses portes en 1936, il reste depuis lors une valeur sûre. Un flot constant de célébrités s'y presse pour déguster leur cuisine traditionnelle, préparée et servie à l'ancienne. Rare par les temps qui courent. Ces pépites gastronomiques comptent plusieurs plats de morue.

89 SOLAR DOS PRESUNTOS
Rua das Portas de Santo Antão 150
Av. da Liberdade ④
+351 21 342 4253
www.solar
dospresuntos.com

La famille Cardoso est aux commandes de ce temple de la cuisine traditionnelle portugaise qui occupe une position unique dans le milieu gastronomique lisboète. Il offre un superbe menu de poissons et quelques-uns des meilleurs plats de morue de la ville. Sa vitrine aux *presuntos* (jambons fumés) accrocheurs et à l'aquarium à homards attire les passants.

90 SOLAR DOS NUNES
Rua dos Lusiadas 68-72
Alcântara ①
+351 21 364 7359
www.solardosnunes.
com

En portugais, *Solar* signifie « manoir ». Un terme tout à fait approprié pour ce restaurant phare tenu par la famille Nunes. Il se situe dans le district résidentiel de l'Alcântara, juste en dessous du pont du 25-Avril. Essayez la *Cataplana* de morue, préparée dans des cuit-vapeur traditionnels en cuivre.

5 adresses pour un
DÎNER AUX CHANDELLES

---

91 **À PARTE**
Avenida Defensores de Chaves 14C
Saldanha ⑧
+351 21 354 3068
www.a-parte.com

À Parte occupe un appartement au rez-de-chaussée d'un immeuble résidentiel du Saldanha. Le restaurant en a d'ailleurs investi les différentes pièces tout en conservant leur caractère originel, jusqu'à donner l'impression de plusieurs établissements en un. Les deux terrasses sont idéales pour dîner en plein air les mois d'été.

92 **TAGUS BY SUSHIC**
Quinta do Tagus Montinhoso,
Costas de Cão,
Monte da Caparica
Almada ①
+351 21 191 1965
www.sushic.pt

Un restaurant de sushis sur la rive sud du Tage, à propos duquel les critiques se sont faites plutôt élogieuses depuis son ouverture. Situé sur une propriété surplombant le fleuve, son panorama est imprenable. Qui plus est, vous pouvez même louer un hélicoptère pour traverser le fleuve et accéder au restaurant. Plutôt chic, non ?

93 **ATIRA-TE AO RIO**
Cais do Ginjal 69
Almada ①
+351 21 275 1380
www.atirateaorio.pt

En français, *Atira-te ao Rio* se traduit par « jetez-vous dans le fleuve ». Heureusement, il existe d'autres moyens plus pratiques d'atteindre ce restaurant : en voiture, en traversant le pont, ou en prenant le ferry vers Cacilhas puis en marchant quelques minutes sur une promenade qui longe le Tage. Vue magnifique sur la ville garantie. Un régal !

94 **CAFÉ DE SÃO BENTO**
Rua de São Bento 212
Príncipe Real ⑤
+351 21 395 2911
www.cafesaobento.com

Installé juste à côté du parlement, le petit bar discret du Café de São Bento sert, paraît-il, les meilleurs steaks de la ville. N'attendez pas une longue liste de choix ; les habitués apprécient surtout le menu viande-frites-purée d'épinards. Mais on ne peut que vous le conseiller.

95 **CHAPITÔ À MESA**
Costa do Castelo 7
Castelo ⑦
+351 21 887 5077
www.chapito.org

Difficile d'égaler la vue qu'offre ce restaurant du Castelo, juste en contrebas des murs du château. Outre son splendide panorama et son menu, Restô possède encore d'autres atouts puisqu'il fait partie de Chapitô, institution culturelle lisboète comprenant une école de cirque, un théâtre et un centre d'artisanat. À voir absolument.

5 adresses pour les
AMATEURS DE VIANDE

---

96 **K.O.B.**
Rua do Salitre 169
Príncipe Real ⑤
+351 93 400 0949
www.kob.olivier.pt

Le K.O.B. (« Knowledge of Beef ») a pour créateur Olivier, restaurateur vedette. C'est l'un des seuls restaurants à Lisbonne qui sert du bœuf *dry-aged* (procédé de maturation très technique) parmi les meilleurs de sa catégorie. Les viandes, en provenance d'Amérique du Sud et du Japon (bœuf Kobe) y sont divines.

97 **RUBRO**
Rua Rodrigues Sampaio 35
Av. da Liberdade ④
+351 21 314 4656
www.restaurante
rubro.com

Rubro propose d'excellentes viandes maturées et sait comment les cuisiner à la perfection. Le *Chuletón* et le *Cordero Lechal* sont succulents. Ce restaurant compte deux adresses, l'une à deux pas de l'Avenida da Liberdade ; l'autre, aux arènes. Jolie sélection de vins.

98 **SALA DE CORTE**
R. da Ribeira Nova 28
Cais do Sodré ⑥
+351 21 346 0030
www.saladecorte.pt

Ce nouvel arrivant de la gastronomie lisboète a connu une ascension fulgurante sur la liste des meilleures adresses de la ville pour déguster de la viande. La qualité des produits (maturés sur place) est exceptionnelle ; le décor, époustouflant (ne manquez pas les toilettes à l'intérieur d'une ancienne chambre de congélation) ; et le service, admirable. Réservez à l'avance.

99 **CAFÉ BUENOS AIRES**
Calçada do Duque 31B
Chiado ⑥
+351 21 342 0739
www.cafebuenosaires.pt

Ce petit resto est le favori des jeunes voyageurs qui arrivent en nombre à Lisbonne. Atmosphère intime, chaleureuse et détendue au programme, ainsi qu'un menu de spécialités pour la plupart argentines dont de succulents plats de viande. Leur restaurant-sœur, Fábrica, situé à quelques pâtés de maisons, constitue une alternative sympathique.

100 **VICENTE**
Rua das Flores 6
Cais do Sodré ⑥
+351 21 21 806 6142

Le Vicente est un peu le « bébé » de la famille Carpinteiro Albino, qui élève du bétail dans la région de l'Alentejo depuis plusieurs générations. Toutes les viandes servies ici proviennent de cette zone rurale. Le restaurant occupe un ancien entrepôt de charbon (plutôt bien vu, pour un resto qui grille de la viande) dont le dôme de brique à l'intérieur est resté intact.

5 bonnes adresses de
PETISCOS

---

101 **TAPAS 52**
Rua Dom Pedro V 52
Príncipe Real ⑤
+351 21 343 2389

Ce petit resto de *petiscos* (tapas portugais) grouille d'animation. L'atmosphère s'y fait joyeuse ; le service, rapide et aimable ; et l'emplacement, idéal. Les tables hautes à l'extérieur sont parfaites pour prendre un verre ou grignoter tout en regardant les passants aller et venir dans le Chiado.

102 **O LUGAR**
Rua Da Moeda 1 F/G
Cais do Sodré ⑥
+351 21 403 8370
www.olugar.net

Les quartiers Cais do Sodré et Ribeira regorgent de restaurants et de bars, et la minuscule Rua da Moeda n'y fait pas exception. O Lugar (« L'endroit ») constitue un bon point de ralliement pour les amateurs de cuisine traditionnelle. Il dispose d'une petite terrasse pour les beaux jours.

103 **CHIRINGUITO TAPAS BAR**
R. Correia Teles 31B
Campo de Ourique ③
+351 21 131 4432

Les meilleurs tapas de la ville, de loin. Les ingrédients, d'une qualité exceptionnelle, sont préparés avec soin par les propriétaires, issus d'une famille traditionnelle portugaise. L'intérieur évoque un manoir de campagne.

104 **PETISCOS NO BAIRRO**
Rua da Atalaia 133
Bairro Alto ⑤
+351 91 957 4498

Une charmante petite taverne nichée dans le Bairro Alto, qui offre une carte savoureuse comptant une large sélection d'authentiques *petiscos* au tarif raisonnable, ainsi que quelques spécialités de la maison comme le ragoût au riz et aux haricots ou le filet d'espadon sauce madère.

105 **TABERNA TOSCA**
Praça de São Paulo 21
Cais do Sodré ⑥
+351 21 803 4563
www.tabernatosca.com

Taberna Tosca fut l'un des premiers restaurants à ouvrir dans le Cais do Sodré, après que cette partie peu recommandable de la ville fut devenue le nouveau quartier tendance, en particulier pour sa vie nocturne. Le restaurant occupe un immeuble du XVIIIe siècle et dispose d'une terrasse de l'autre côté de la rue pour un dîner en plein air.

102 O LUGAR

À MARGEM

65 ENDROITS POUR BOIRE UN VERRE OU FAIRE LA FÊTE

---

5 bars qui feront de vous **UN VRAI LISBOÈTE** —— 68

Les 5 bars **LES PLUS COOLS** —————————— 70

Les 5 meilleurs **BARS À VIN** ——————————— 72

5 adresses pour **SE DÉTENDRE AU SOLEIL** —— 74

Les 5 meilleurs **BARS À COCKTAILS** ——————— 77

Les 5 meilleures adresses pour
UNE BONNE TASSE DE CAFÉ ———————— 80

Les 5 plus **BEAUX CAFÉS** ———————————— 82

Les 5 meilleures adresses **LGBT** ————————— 84

Les 5 meilleures adresses pour
ÉCOUTER DU FADO ————————————— 86

Les 5 meilleurs endroits où **DANSER** ——————— 88

Les 5 meilleurs **TOITS-TERRASSES** ——————— 90

5 bars **D'UN AUTRE ÂGE** ——————————— 92

Les 5 meilleurs **VINS DE LA RÉGION
DE LISBONNE** ——————————————— 94

5 bars qui feront de vous
UN VRAI LISBOÈTE

---

106 **PUB LISBOETA**
Rua Dom Pedro V 63
Príncipe Real ⑤

Selon le dicton, tout ce qui est petit est mignon. Le Pub Lisboeta n'y déroge pas ! Les habitués se pressent dans ce minuscule bar du Príncipe Real pour y prendre un verre et échanger. Idéal à l'apéritif. Il propose aussi un assortiment original de petits en-cas et de pizzas maison.

107 **CASA INDEPENDENTE**
Largo do Intendente
Pina Manique 45
Saldanha ⑧
+351 21 887 5143

Véritable preuve vivante de la diversité de Lisbonne, ce bar se situe au premier étage d'un extravagant immeuble de la place Intendente, un vrai coupe-gorge autrefois en raison des activités illégales qui s'y déroulaient.

108 **BICAENSE CAFÉ**
Rua da Bica de
Duarte Belo 38-42
Santa Catarina ⑤
+351 21 325 7940
*www.facebook.com/
bicaensereloaded*

Une icône lisboète, qui a ramené un peu de vie nocturne dans le quartier très traditionnel et authentique de Bica où le funiculaire remonte une pente escarpée en longeant des maisons typiques de l'endroit, des petites boutiques et des restaurants. Célèbre pour son atmosphère bon enfant et sa programmation culturelle (musique live, DJs, projections de films), voici un véritable joyau de la ville.

109 **SANTOS**
Santos ③

Le Santos, c'est un quartier à la vie nocturne animée, particulièrement populaire auprès des plus jeunes qui se rassemblent dans les bars et les cafés du coin avant de sortir faire la fête dans les boîtes proches de l'Avenida 24 de Julho, Docas ou Cais do Sodré. Les nuits de week-end, les trottoirs sont remplis d'éclats de rire.

110 **TOPO**
Centro Comercial Martim Moniz,
6th Floor
Baixa ⑥
+351 21 588 1322
www.topo-lisboa.pt

Cette adresse est née de l'imagination d'un groupe d'amis entrepreneurs de la région, qui décidèrent de rénover le dernier étage abandonné d'un centre commercial délabré, situé sur la place de plus en plus en vogue, de Martim Moniz. Ils y ont créé un lieu où une clientèle branchée aime se retrouver autour d'un verre ou d'un petit plat tout en profitant d'une vue magnifique sur la vieille ville. Une autre antenne a aussi vu le jour dans le Chiado.

Les 5 bars
LES PLUS COOLS

---

111 **PENSÃO AMOR**
Rua do Alecrim 19
Cais do Sodré ⑥
+351 21 314 3399
www.pensaoamor.pt

L'histoire de ce bar tendance remonte à l'époque à laquelle le Cais do Sodré était le quartier rouge de la ville. Ce bar, bondé tous les soirs de la semaine, se situe en fait dans une ancienne auberge qui louait des chambres à l'heure aux prostituées du coin. Dans ce décor burlesque, une barre en métal ravira même les amateurs de pole dance.

112 **O BOM O MAU E O VILÃO**
Rua do Alecrim 21
Cais do Sodré ⑥
+351 96 453 1423

O Bom, o Mau e o Vilão (« Le bon, la brute et le truand ») s'est installé dans le quartier branché du Cais do Sodré. Ce bar à cocktails, ancien appartement du XVIIIe siècle reconverti, comporte plusieurs salles et accueille chaque semaine les concerts live de groupes locaux. Plusieurs DJ résidents s'y relaient aussi.

113 **PURISTA**
Rua Nova da
Trindade 16C
Chiado ⑥
+351 91 644 2744

À la fois bar et barbier, cette adresse stylée est devenue l'endroit en vogue. À deux pas du cœur du Chiado et du Bairro Alto, dans un quartier à la vie nocturne animée, elle accueille régulièrement des concerts live (jazz la plupart du temps). Ses barbiers sont disponibles jour et nuit pour prendre soin de la barbe de leurs clients.

114 **THE GEORGE**
Rua do Crucifixo 58
Baixa ⑥
+351 21 346 0596
www.thegeorge lisbon.com

Tirant son inspiration des pubs gastronomiques anglais, The George est un bar souriant du Baixa qui attire les amateurs de matches diffusés sur grand écran et qui apprécient leur large assortiment de bières et gins ainsi que leurs spécialités d'Outre-Manche, comme le *Yorkshire* pudding ou le *Sunday roast*.

115 **DUPLEX**
Rua Nova do
Carvalho 58-60
Cais do Sodré ⑥
+351 91 516 2808
www.duplexrb.pt

Comme son nom l'indique, Duplex se partage entre deux espaces : un bar au rez-de-chaussée où l'on sert également des tapas, et un restaurant au premier étage. Le chef Nuno Bergonse y propose des plats réconfortants dans une atmosphère bon enfant et tamisée, mais sophistiquée. Ne manquez pas la splendide œuvre d'art de l'artiste local Bordalo II.

Les 5 meilleurs
BARS À VIN

---

116 CHAFARIZ DO VINHO
Praça da Algeria
Av. da Liberdade ④
+351 21 342 2079
*www.chafarizdo
vinho.com*

Appartenant à João Paulo Martins, l'un des journalistes œnologues les plus éminents du pays, ce bar à vin est véritablement phénoménal. Pas seulement pour la qualité de ses vins et de sa sélection de tapas, mais aussi pour son emplacement époustouflant à l'intérieur d'un ancien château d'eau qui alimentait le quartier en eau fraîche.

117 GARRAFEIRA ALFAIA
Rua do Diário de
Notícias 125
Bairro Alto ⑤
+351 21 343 3079
*www.garrafeiraalfaia.
com/wine*

Installée au cœur du Bairro Alto, cette adresse permet de découvrir la variété et la qualité des vins portugais tout en dégustant d'excellents tapas. Elle est aussi connue pour la bonhomie de son propriétaire, Pedro Marques, affectueusement surnommé « Pedrão » et toujours prêt à vous suggérer un vin surprenant.

118 GRAPES & BITES
Rua do Norte 81
Bairro Alto ⑤
+351 91 936 1171
*www.grapesandbites.
com*

Avec plus de 200 étiquettes disponibles au verre, Grapes & Bites semble être l'endroit idéal pour les curieux de la riche variété de vins portugais, qu'il s'agisse de vins de table ou de vins doux. Pour accompagner ces derniers, des plateaux de fromages portugais, jambon fumé et pains sont proposés.

119 **BY THE WINE**
Rua das Flores 41-43
Chiado ⑥
+351 21 342 0319

Ce bar fut créé par José Maria da Fonseca (JMF), une entreprise de production de vins à grande échelle active depuis presque deux cents ans. Vous y trouverez leur production, dont le muscat Setúbal mondialement connu. Dans ce bar à l'allure d'un cellier, 3 200 bouteilles couvrent les plafonds voûtés. Sensationnel.

120 **VESTIGIUS**
Rua da Cintura do
Porto de Lisboa,
Arm. A 17
Cais do Sodré ⑥
+351 21 820 3320
www.vestigius.pt

Ce bar mérite une visite, ne fût-ce que pour son emplacement le long du fleuve, près du Cais do Sodré. En journée, vous pourrez profiter de la terrasse extérieure avec vue sur le Tage, ainsi que d'un large choix de vins et cocktails. Si l'envie vous prend, poursuivez la soirée au Station à côté, l'une des boîtes les plus branchées de la ville.

119 **BY THE WINE**

5 adresses pour
SE DÉTENDRE AU SOLEIL

---

121 **À MARGEM**
Doca do Bom Sucesso
Belém ②
+351 91 862 0032
www.amargem.com

Minimaliste dans l'âme, À Margem n'a que faire d'une décoration extravagante qui viendrait rivaliser avec la vue sur le large fleuve juste en face. Sa situation est véritablement magnifique, à deux pas du Tage, sur le passage qui relie deux des monuments les plus impressionnants de la ville : le Padrão dos Descobrimentos et la Tour de Belém.

122 **ZAMBEZE**
Mercado do Chão do Loureiro
Mouraria ⑦
+351 21 887 7056
www.zambeze restaurante.pt

Un restaurant particulier, qui mélange les influences culinaires mozambicaine et centro-portugaise de la région de Beira. Sa terrasse extérieure, en revanche, est un concentré de Lisbonne. Le point de vue sur le fleuve et sur la colline du Chiado est stupéfiant, avec en toile de fond le château de Saint-Georges et la cathédrale.

125 **ESPELHO D'ÁGUA**

123 **PORTAS DO SOL**

Largo das Portas
do Sol
Alfama ⑦
+351 21 885 1299
www.portasdosol.biz

Cette terrasse surplombe entièrement l'Alfama, quartier le plus pittoresque de Lisbonne et labyrinthe millénaire de rues étroites et de ruelles, qui s'étend du château au fleuve. Difficile de rivaliser avec ce paysage, même dans une ville aux si nombreux points de vue époustouflants. Tout le monde adorera la myriade de toits couleur brique.

124 **RIBEIRA DAS NAUS – QUIOSQUE**

Avenida Ribeira das
Naus 5
Cais do Sodré ⑥
+351 91 742 7013

Ce kiosque ouvrit ses portes lors de la rénovation de la promenade Ribeira das Naus, le long de l'eau. C'est ici que les Portugais construisirent les navires qui arpentèrent les mers vers l'Asie, l'Afrique et les Amériques. La terrasse extérieure offre une vue surprenante sur le Tage et sur le pont du 25-Avril.

125 **ESPELHO D'ÁGUA**

Avenida de Brasilia
Edifício Espelho
d'Água
Belém ②
+351 21 301 0510
*www.espacoespelho
deagua.com*

Construit dans les années 40 pour l'Exposition du Monde portugais, ce pavillon a bien vécu depuis. Son design original a aujourd'hui été entièrement restauré, et l'ensemble a regagné de sa superbe. Sa terrasse donne sur le Padrão dos Descobrimentos, l'un des principaux monuments lisboètes.

Les 5 meilleurs
BARS À COCKTAILS

---

126 CINCO LOUNGE
Rua Ruben A. Leitão
Príncipe Real ⑤
+351 21 342 4033
www.cincolounge.com

Dave Palenthorne est venu du Royaume-Uni poser ses valises à Lisbonne il y a quelques années. Il s'est mis en tête de révolutionner le petit monde du cocktail, plutôt en berne à son arrivée. Son Cinco Lounge est toujours à l'avant-garde de la culture cocktail locale. Un vrai temple pour les connaisseurs et aficionados.

127 RED FROG
Rua do Salitre 5A
Av. da Liberdade ④
+351 21 583 1120

Ce bar à cocktails s'inspire des bars clandestins américains des années 20 et, pour rester dans le thème, possède même une pièce secrète à laquelle on accède en poussant un mur. On doit la carte des cocktails à Marian Beke, du London Nightjar, qui a d'ailleurs permis la présence de ce dernier sur la liste des meilleurs bars au monde.

128 GIN LOVERS

128 GIN LOVERS
Praça do Príncipe Real 26
Príncipe Real ⑤
+351 21 347 1341
www.ginlovers.pt

Gin Lovers, c'est un concept complet qui rassemble le premier magazine au monde dédié au gin, un site truffé d'informations, quelques boutiques, une série de kits pour préparer ces boissons chez soi, ainsi que ce bar installé à l'intérieur du concept store Embaixada, dans le Príncipe Real.

129 DOUBLE9
Rua da Misericórdia 76
Chiado ⑥
+351 21 248 1480
www.mercyhotel.com

L'hôtel branché 9Hotel Mercy, dans le Chiado, accueille cette adresse à deux concepts : salon de thé moderne le jour, l'endroit se transforme la nuit en bar à cocktails. Tous les cocktails mélangent alcool et thé, leur conférant ainsi une nouvelle palette de goûts et d'arômes qui raviront certainement vos sens.

130 MATIZ POMBALINA
Rua das Trinas 25
Lapa ③
+351 21 404 3703
www.matiz-pombalina.pt

Installé dans le quartier résidentiel huppé de Lapa, ce bar occupe le rez-de-chaussée d'un immeuble du XVIIIe siècle. Ses pièces sont restées fidèles à l'atmosphère des jours d'antan, avec leurs panneaux carrelés et leur décor baroque. Un air de blues, de soul, de bossa nova et de jazz s'y fait doucement entendre.

Les 5 meilleures adresses pour une bonne
TASSE DE CAFÉ

---

131 **CLAUDIO CORALLO**
Rua da Escola Politécnica 4
Príncipe Real ⑤
+351 21 386 2158
www.claudiocorallo.com

Considéré comme l'un des meilleurs chocolatiers au monde, Claudio Corallo, d'origine italienne, a eu l'idée de ce concept. Installé dans une boutique branchée de la rue la plus animée du Príncipe Real, il mêle harmonieusement le chocolat au café provenant de ses plantations bio sur l'île africaine de São Tomé (une ancienne colonie portugaise).

132 **TARTINE**
Rua Serpa Pinto 15A
Chiado ⑥
+351 21 342 9108
www.tartine.pt

Dans une rue tranquille du Chiado, adjacente à la bourdonnante Rua Garrett, ce café-boulangerie d'inspiration française offre des pains artisanaux et des pâtisseries traditionnelles portugaises comme les célèbres flans pâtissiers. Si les calories ne vous préoccupent pas, commandez leur dessert fétiche, le gâteau du Chiado.

133 **KAFFEEHAUS**
Rua Anchieta 3
Chiado ⑥
+351 21 095 6828
www.kaffeehaus-lisboa.com

Ce café d'inspiration viennoise créé par deux amis autrichiens est immédiatement devenu l'une des meilleures adresses de la ville en matière de café, de repas légers et de brunch du dimanche. Le menu compte quelques spécialités autrichiennes comme le *Wiener Schnitzel*, la *Sacher-Torte*, l'*Apfelstrudel* et le vin chaud, ainsi que des plats du jour affichés à la craie.

134 **CAFÉ ROYALE**
Largo Rafael Bordalo Pinheiro 29
Chiado ⑥
+351 21 346 9125
www.royalecafe.com

Autre chouchou du Chiado, le Café Royale est un lieu enchanteur pour prendre un verre ou un repas léger. Il combine trois atmosphères différentes, parfaites en toutes conditions météo et à tout moment de la journée : une terrasse extérieure sur la place, un intérieur stylé et chaleureux, et une jolie cour fermée dotée d'un jardin vertical.

135 **COPENHAGEN COFFEE LAB CAFÉ**
Rua Nova da Piedade 10
Príncipe Real ⑤
+351 91 660 4054
www.cphcoffeelab.pt

Ce café au style danois se situe à un jet de pierre de la Praça das Flores, l'une des plus jolies placettes de Lisbonne. Les propriétaires, danois, avaient pour volonté d'en faire plus qu'un simple café et ont ainsi créé une véritable « experience » permettant aux clients de déguster plusieurs variétés, toutes préparées ou servies de manière différente.

Les 5 plus
BEAUX CAFÉS

---

136 **CAFÉ A BRASILEIRA**
Rua Garrett 120
Chiado ⑥
+351 21 346 9541

Le café le plus emblématique de Lisbonne. Ouvert en 1905, il ne vendait au début que du café brésilien, d'où son nom. Cette adresse est une destination touristique en elle-même, non seulement pour son intérieur Art déco éblouissant, mais aussi pour la statue de bronze du poète Fernando Pessoa siégeant sur une table de la terrasse extérieure du café.

137 **CAFÉ NICOLA**
Praça Dom
Pedro IV 24-25
Baixa ⑥
+351 21 346 0579

On raconte que le Café Nicola remonte aux années 1700, lorsqu'un Italien du nom de Nicola décida de l'installer sur la place Rossio. Il devint ensuite rapidement le lieu de rendez-vous des artistes et personnalités de l'époque, dont le célèbre poète Bocage. Le décor que l'on voit aujourd'hui date quant à lui de 1929 et présente de beaux motifs Art déco.

138 **PASTELARIA VERSAILLES**
Avenida da
República 15A
Saldanha ⑧
+351 21 354 6340

Depuis son lancement en 1922 sur l'Avenida da República, l'une des « Nouvelles Avenues » construites à l'époque, Versailles a toujours été une institution à Lisbonne. Cette pâtisserie est célèbre pour sa diversité et sa qualité. On y trouve aussi un restaurant typiquement portugais, très apprécié des luncheurs en semaine.

139 **LEITARIA A CAMPONEZA**
Rua dos
Sapateiros 155
Baixa ⑥
+351 92 313 2488

Bien que cette petite *leitaria* (laiterie) ait été un café pendant de nombreuses années, il s'agit aussi à présent d'un restaurant. Depuis ses débuts en 1907, elle a conservé son décor originel, y compris les précieux *azulejos* (une variante unique de carreaux de faïence peints). Ses clients apprécient la décoration Art nouveau et la façade vintage. Petite terrasse à l'extérieur.

140 **PASTELARIA SÃO ROQUE**
Rua Dom Pedro V 57
Príncipe Real ⑤
+351 21 322 4350
www.panifsroque.pt

Fondée au début du XXe siècle, la Pastelaria São Roque est l'un des plus fins exemples d'architecture Art nouveau à Lisbonne. Pour un café, l'intérieur surprend : le large dôme du plafond se pare de superbes motifs dorés.

Les 5 meilleures adresses LGBT

---

141 **TRUMPS**
Rua da Imprensa
Nacional 104
Príncipe Real ⑤
+351 91 593 8266
www.trumps.pt

Un des pionniers parmi les boîtes gays lisboètes. Sa création remonte aux années 80. Elle occupe une place unique dans cette ville, et pas seulement auprès de la communauté gay. Aujourd'hui, cette discothèque « hétéro-friendly » accueille la plupart des nuits une foule diverse et éclectique homo ou hétéro.

142 **FINALMENTE**
Rua da Palmeira 38
Príncipe Real ⑤
+351 21 347 9923
www.finalmenteclub.com

Night-club classique ouvert depuis 1976 dans le quartier gay de Lisbonne, le Príncipe Real. Il est bien connu pour ses spectacles de drag queen, en particulier ceux des stars de l'endroit : Deborah Krystall et Samantha Rox. Musique plutôt house.

143 **GAYOLA**
Rua da Imprensa
Nacional 116B
Príncipe Real ⑤
+351 21 397 4493

En portugais, *gaiola* signifie « cage à oiseaux ». Cette Gayola-ci désigne plutôt un bar et grill ouvert aux clients gays et hétéros. L'atmosphère se veut décontractée et bon enfant. L'un des seuls endroits de la ville où l'on peut manger jusque tard dans la nuit (3 h du matin).

144 **PUREX**
Rua das Salgadeiras 28
Bairro Alto ⑤
+351 21 342 8061

Un bar « gay-friendly » du Bairro Alto, quartier historique de prédilection de la population gay à Lisbonne. Bien qu'il n'y ait pas d'enseigne à l'extérieur, la porte orange se repère facilement. À l'intérieur, l'ambiance feutrée et la sélection musicale invitent les visiteurs sur la petite piste de danse, qui devient bondée plus tard dans la nuit.

145 **WOOFLX**
Rua da Palmeira 44B
Príncipe Real ⑤
+351 21 346 8418

Ce bar était au début un point de ralliement de la communauté « bear » (hommes gays au look très masculin), mais il attire à présent une foule plus diverse. Les patrons possèdent aussi un autre bar gay pas très loin, WoofX, une version plus hardcore du WoofLx, où les habitués, « bears » ou autres, jouent de leurs fétichismes.

Les 5 meilleures adresses pour
ÉCOUTER DU FADO

---

146 **MESA DE FRADES**
Rua dos Remédios 139A
Alfama ⑦
+351 91 702 9436

Aucun restaurant aux rythmes du fado ne peut surpasser la beauté du Mesa de Frades. Installée dans une ancienne chapelle du XVIIIe siècle aux sols et murs recouverts d'authentiques tessons vernis, cette salle intimiste ne peut accueillir qu'une poignée de visiteurs. N'oubliez pas de réserver. L'éclairage aux chandelles apporte chaleur et sourire à la conversation.

147 **CLUBE DE FADO**
Rua de São João da Praça 86-94
Alfama ⑦
+351 21 885 2704
www.clube-de-fado.com

La version huppée d'un restaurant de fado. Tout, du décor au service, des plats aux chansons que vous écouterez, joue sur le même thème. Vous entendrez ici une version aristocratique du fado, différente de celui de la rue (*vadio*) que l'on retrouve dans la plupart des autres adresses.

148 **A BAIUCA**
Rua de São Miguel 20
Alfama ⑦
+351 21 342 1386

Tenu et géré par une même famille, A Baiuca fait la part belle à l'authenticité. Les gens du quartier viennent sur scène chanter du *fado vadio* (« fado de la rue »). Même en cuisine, on pose parfois les casseroles pour pousser la chansonnette, à la surprise de nombreux clients.

149 **TASCA DO CHICO**
Rua do Diário de
Notícias 39
Bairro Alto ⑤
+351 96 505 9670

Ce petit resto-bar intime, qui possède plusieurs adresses dans le Bairro Alto et l'Alfama, permet de profiter de la musique fado dans un cadre informel et convivial. L'ambiance amicale et l'éclairage tamisé invitent à ressentir ces notes du cœur, entonnées par des chanteurs qui font la tournée de plusieurs restaurants.

150 **SENHOR VINHO**
Rua do Meio à Lapa 18
Lapa ③
+351 21 397 2681
www.srvinho.com

Senhor Vinho doit sa fameuse réputation à sa charismatique propriétaire Maria da Fé, célèbre chanteuse de fado. Elle y chante toujours régulièrement, ajoutant ainsi quelques paillettes à cette aventure. De loin, l'adresse de fado la plus chic de la ville, à la décoration luxueuse et au service personnalisé. La qualité du menu n'est pas en reste.

Les 5 meilleurs endroits où DANSER

---

151 **LUX**
Avenida Infante Dom Henrique
Santa Apolónia ⑨
+351 21 882 0890
www.luxfragil.com

Le seul night-club de Lisbonne qui mérite une place sur la liste des meilleures boîtes au monde. Manuel Reis l'a installé dans un ancien entrepôt le long du fleuve. Il compte deux étages ainsi qu'un toit-terrasse pour les mois d'été.

152 **MUSICBOX**
Rua Nova do Carvalho 24
Cais do Sodré ⑥
+351 21 347 3188
www.musicbox lisboa.com

Ouvert depuis 2006 dans un joli coin du quartier « shabby-chic » de Cais do Sodré, Musicbox se veut à la fois scène et piste de danse. Il trouve aussi une partie de son succès dans sa configuration : les plafonds voûtés de ce rez-de-chaussée remontant à la fin des années 1800 lui confèrent en effet une acoustique incroyable.

153 **SILK**
Rua da Misericórdia 14
Chiado ⑥
+351 91 300 9193
www.silk-club.com

Le night-club le plus exclusif de Lisbonne. Il vous faudra souvent une inscription sur la liste des invités pour y entrer. Téléphonez donc à l'avance pour réserver une place, particulièrement les soirs de week-end. Il se situe au dernier étage d'un immeuble de bureaux du Chiado et offre un panorama à couper le souffle sur le cœur historique de Lisbonne et sur le Tage.

154 **PETIT PALAIS**
Rua Rosa Araújo 37
Av. da Liberdade ④
+351 93 160 1000
*www.petitpalais.
olivier.pt*

Un énième projet du restaurateur vedette Olivier. Il occupe un palais ayant appartenu à l'un des hommes les plus riches du Portugal. Ce restaurant d'inspiration française à l'atmosphère soignée se transforme plus tard dans la nuit en un night-club, un des plus endiablés de Lisbonne.

155 **B.LEZA**
Cais Gás 1
Cais do Sodré ⑥
+351 21 010 6837

Un night-club africain unique en son genre, en activité depuis 1995. Depuis plus de vingt ans, il s'est lancé l'honorable défi de promouvoir la culture et la musique africaines (et plus spécialement du Cap-Vert). Il attire une multitude de fans qui viennent danser aux rythmes du continent noir.

Les 5 meilleurs
TOITS-TERRASSES

---

156 HÔTEL BAIRRO ALTO
Praça Luís de Camões 2
Chiado ⑥
+351 21 340 8288
www.bairroaltohotel.com

L'hôtel Bairro Alto, chaleureux et cosy, possède le toit-terrasse le plus prisé (et merveilleusement confidentiel) de la ville, perché au-dessus d'autres toits et surplombant le fleuve. La terrasse est dotée de canapés confortables et de chaises longues qui la rendent absolument exquise.

157 HÔTEL DO CHIADO
Rua Nova do Almada 114
Chiado ⑥
+351 21 325 6100
www.hoteldochiado.pt

La terrasse de l'hôtel du Chiado offre un point de vue impressionnant sur les quartiers du château et du Baixa. À main droite, le Tage se fait omniprésent. La salle intérieure douillette aux fenêtres géantes, remplie de canapés accueillants, se dote même d'un bar à huîtres.

158 DARWIN CAFÉ
Avenida Brasília
Ala B
Belém ②
+351 21 048 0222
www.darwincafe.com

À sa mort, le magnat portugais António Champalimaud légua une grande partie de sa fortune à une fondation destinée à soutenir la recherche médicale dans le domaine de la vue. Installé dans le « Centre Champalimaud pour l'Inconnu » de cette fondation, près de l'embouchure du Tage, le Café Darwin reste probablement l'une des terrasses au bord de l'eau les plus impressionnantes.

159 LE CHAT

Jardim 9 de Abril
Janelas Verdes ①
+351 21 396 3668

Une terrasse de café véritablement magnifique, située à la lisière d'un jardin situé à l'abri des regards, à côté du Musée d'art ancien. L'architecture contemporaine du café, imaginée comme une structure en verre, se fond parfaitement dans le paysage, entre jardin et fleuve coulant à ses pieds.

160 INSÓLITO

Rua São Pedro de
Alcântara 83
Chiado ⑥
+351 21 130 3306
www.theinsolito.pt

Propriété des frères D'Eça Leal qui possèdent aussi The Decadent juste à côté, Insólito reste fidèle à son nom portugais, que l'on peut traduire par « inhabituel ». Il se situe en effet au dernier étage d'un palais qui surplombe le point de vue de São Pedro de Alcântara et qui offre un paysage époustouflant sur la vieille ville, le château et le Tage.

160 INSÓLITO

5 bars
D'UN AUTRE ÂGE

---

161 **PROCÓPIO**
Alto de São Francisco 21A
Amoreiras ④
+351 21 385 2851
www.barprocopio.com

Au Procópio, tout semble provenir d'un temps lointain. À commencer par l'entrée, dans une ruelle de terre battue, adjacente au jardin de l'Amoreiras. Après avoir sonné à la porte et l'avoir franchie, vous serez happé un siècle en arrière. On se croirait dans un café bohème parisien au style Art nouveau, lieu de rendez-vous des intellectuels.

162 **PAVILHÃO CHINÊS**
Rua Dom Pedro V 89
Príncipe Real ⑤
+351 21 342 4729

L'un des plus beaux bars au monde. Mais le terme même de « bar » ne lui rendrait pas justice. Il s'apparenterait plus à un musée de jouets et de curiosités, au vu de la collection éblouissante occupant chaque centimètre carré des cinq salles au parcours labyrinthique.

163 **FOXTROT**
Tv. Santa Teresa 28
Príncipe Real ⑤
+351 21 395 2697
www.barfoxtrot.pt

Ce petit joyau se cache dans une rue tranquille du Príncipe Real. L'atmosphère dégage un mélange entre pub anglais et bar traditionnel lisboète. Comme on s'y attend (et comment !), une cheminée et une table de billard complètent le tableau. On peut y manger jusque tard dans la soirée.

164 **WANLI**
Calçada do Marquês de Abrantes 82
Santos ③
+351 21 603 1562

Ce bar au nom curieux évoque plus une résidence privée qu'un établissement commercial. En entrant, vous découvrirez une collection joliment présentée d'antiquités et de pièces vintage, rassemblées au fil des années par le propriétaire, toujours présent pour accueillir ses clients dans son « chez lui ».

165 **SNOB BAR**
Rua do Século 178
Príncipe Real ⑤
+351 21 346 3723
www.snobarestaurante.com

Depuis les années 70, ce bar isolé reste le lieu de prédilection des journalistes, artistes et politiciens, qui adorent son atmosphère paisible et ses célèbres steaks. Pour y entrer, il vous faudra actionner la sonnette et attendre le patron, qui met un point d'honneur à accueillir chaque client.

Les 5 meilleurs
VINS DE LA RÉGION DE LISBONNE

---

166 MOSCATEL DE SETÚBAL

Le moscatel est une variété de raisin très aromatique aux notes citronnées et fleuries. En mûrissant, il devient très sucré et idéal pour la production de vin doux. Les muscats de la péninsule de Setúbal (à 30 minutes au sud de Lisbonne) existent depuis plus de deux cents ans et ont acquis une renommée mondiale.

167 QUINTA DO MONTE D'OIRO

La propriété maintes fois primée de Quinta do Monte d'Oiro, située à Alenquer (60 kilomètres au nord de Lisbonne) fut fondée par le vigneron José Bento dos Santo en 1990. Il s'est lancé le défi de produire des vins de haute qualité, profonds, minéraux et personnels, dans le respect de l'unique terroir de son vignoble.

168 VINS DE COLARES ET CARCAVELOS

Aujourd'hui, très peu de vins sont encore produits dans les célèbres régions de Colares et Carcavelos, situées à l'ouest de Lisbonne. À Carcavelos, de petites quantités de vin doux fortifié sont produites à base de raisins rouges ou blancs locaux. On fabrique à Colares aussi bien des vins rouges tanniques à haute teneur en acidité que des blancs plus doucement aromatisés à base de malvoisie.

169 VINS DE LISBONNE AOC

Lisbonne est une région viticole composée de neuf sous-régions qui s'étendent le long de la côte atlantique et qui se caractérisent par de petites collines ondulées et un climat tempéré. Les variétés de vins blancs traditionnels produits ici incluent l'arinto, le fernão-pires et le cépage de malvoisie. Pour les rouges, tentez un alicante-bouschet, un aragonez et un castelão.

170 JOSÉ MARIA DA FONSECA

José Maria da Fonseca est une entreprise viticole familiale deux fois centenaire ; la plus ancienne de la région de Setúbal. Les 650 hectares de vignobles produisent des vins de grande qualité, comme les Periquita, Domini, José de Sousa et Alambre. L'entreprise dispose d'un très bon centre de visite à Azeitão.

LUVARIA ULLICES

70 IDÉES SHOPPING

Les 5 CRÉATEURS DE MODE *les plus inspirants* — 98

Les 5 BOUTIQUES DE MODE *les plus cools* — 100

5 BOUTIQUES VINTAGE *uniques* — 102

Les 5 BOUTIQUES *les plus* INHABITUELLES — 104

Les 5 meilleures LIBRAIRIES — 106

Les 5 meilleurs MARCHÉS DE RUE — 108

Les 5 meilleurs FLEURISTES — 110

Les 5 meilleures BOUTIQUES DE DESIGN — 112

Les 5 meilleurs MARCHÉS ALIMENTAIRES — 114

5 RUES COMMERÇANTES SÉCULAIRES — 116

Les 5 meilleurs SALONS DE COIFFURE *et* BARBIERS — 118

5 RUES COMMERÇANTES ET LEUR QUARTIER — 120

Les 5 meilleurs MAGASINS D'ANTIQUITÉS — 122

Les 5 meilleurs CONCEPT STORES — 124

Les 5
CRÉATEURS DE MODE
les plus inspirants

---

171 **ALVES/GONÇALVES**
Travessa Guillherme Cossoul 16
Chiado ⑥
+351 21 346 3125

Le duo de créateurs vedette Manuel Alves et José Manuel Gonçalves possède un concept store dans le Chiado où ils exposent leurs pièces de haute couture et prêt-à-porter. Leurs clientes peuvent également y profiter d'un vrai institut de beauté (coiffure, soins du corps, maquillage) dans un cadre sophistiqué.

172 **NUNO GAMA**
Rua de O Século 171
Príncipe Real ⑤
+351 21 347 9068

Les collections homme de Nuno Gama, l'un des plus éminents stylistes portugais, s'inspirent de la culture et de l'iconographie de ce pays. On trouve dans son concept store du Príncipe Real vêtements, chaussures et accessoires, ainsi qu'un barbier tendance.

173 **LIDIJA KOLOVRAT**
Rua Dom Pedro V 79
Príncipe Real ⑤
+351 21 387 4536
www.lidijakolovrat.org

La boutique-atelier de Lidija Kolovrat, originaire de Bosnie, se situe au cœur du Príncipe Real, le quartier des designers avant-gardistes de Lisbonne. Elle y vend ses collections et accessoires ainsi qu'une ligne d'objets de décoration pour la maison.

174 **DINO ALVES**
Rua da Madalena 91
Baixa ⑥
+351 21 886 5252
www.dinoalves.eu

Dino Alves compte parmi les stylistes portugais les plus créatifs et ne recule pas devant l'usage de matériaux et d'éléments de style originaux ou même provocateurs. Son génie en a fait un habitué des podiums du pays. Sa marque, elle, est synonyme de prise de risques et d'approche artistique dans le milieu de la mode.

175 **FILIPE FAÍSCA**
Calçada do
Combro 99
Chiado ⑥
+351 21 342 0014
www.filipefaisca.com

Figure bien connue de la mode portugaise, Filipe Faísca a commencé à présenter ses créations dans les années 90, étendant ses activités aux costumes de cinéma et de théâtre, et à la réalisation des plus belles vitrines de la ville. Ses pièces au style urbain et vintage sont superbement exécutées.

Les 5
BOUTIQUES DE MODE
les plus cools

176 OFICINA MUSTRA
Rua Rodrigues Sampaio 81
Av. da Liberdade ④
+351 21 314 7009

Ce secret bien gardé se situe sur une parallèle à l'Avenida da Liberdade, blotti dans une cour close que l'on remarque peu. Veríssimo Mustra et sa femme Fatima ont une approche unique de la mode, devenant les stylistes personnels de leurs clients en recherche de vêtements masculins au style italien.

177 FASHION CLINIC
Avenida da Liberdade 180
Av. da Liberdade ④
+351 21 354 9040
www.fashionclinic.pt

Paula Amorim, propriétaire de cette boutique de mode sur l'Avenida da Liberdade (un département homme existe aussi un peu plus loin sur l'avenue), vient de la riche et célèbre famille Amorim. Elle possède notamment un magasin Gucci et des actions dans la marque internationale Tom Ford. On comprend aisément qu'il s'agit de l'antre du luxe à Lisbonne, proposant une sélection experte.

178 **BUBBLES COMPANY**
Amoreiras Shopping Center
Amoreiras ④
+351 91 172 3013

Ce magasin de vêtements du centre commercial Amoreiras dispose d'une collection exclusive et soigneusement constituée de plusieurs marques de mode féminine s'étendant du classique-contemporain au chic bohème. Tarifs raisonnables.

179 **AMÉLIE AU THÉÂTRE**
Rua da Escola Politécnica 69-71
Príncipe Real ⑤
+351 21 598 2900
www.amelie-autheatre.com

Cette boutique très originale d'inspiration française a été créée par Amélia Antunes (d'où le nom « Amélie »), une styliste locale spécialiste des accessoires. Dans son commerce du Príncipe Real, Amélia propose un assortiment bien achalandé de chaussures, bijoux et d'accessoires provenant de différents designers portugais contemporains.

180 **PARIS EM LISBOA**
Rua Garrett 77
Chiado ⑥
+351 21 342 4329
www.parisemlisboa.pt

Ouverte en grande pompe en 1888 dans le cœur du Chiado, cette boutique sur trois étages fut le fournisseur officiel de la famille royale ; amenant ainsi à Lisbonne la sélection la plus fine de mode parisienne et de tissus. Aujourd'hui, ce commerce vend également des tissus d'intérieur et des parfums. Un vrai joyau d'architecture du XIXe siècle.

5
BOUTIQUES VINTAGE
uniques

---

181 **LOJA DA ATALAIA**
Av. Infante Dom Henrique,
Cais da Pedra
Santa Apolónia ⑨
+351 21 882 2578
www.lojadatalaia.com

Manuel Reis, fondateur du night-club LUX, est aussi le créateur du Loja da Atalaia, situé d'ailleurs à mi-chemin entre cette discothèque et le Bica do Sapato dont Manuel est aussi copropriétaire. Dans cette boutique, il présente une sélection personnelle de mobilier vintage prisé datant des années 50 à 70, ainsi que quelques œuvres d'art de designers contemporains.

182 **MUITO MUITO**
LX Factory
R. Rodrigues Faria 103
Alcântara ①
www.muitomuito.pt

Installée à l'intérieur du LX Factory, cette adresse vintage futée vend principalement des curiosités et du petit mobilier. Le concept et l'offre de ce magasin sont fidèles à l'atmosphère tout entière du LX Factory, véritable village bohème et vintage dans la ville. Luis Mangas, patron de Muito Muito, met son expertise au service de ses clients.

183 **CANTINHO DO VINTAGE**
Avenida Infante D. Henrique, Arm. 2
Santa Apolónia ⑨
+351 91 200 7552

Le plus grand point de vente de mobilier vintage de Lisbonne. À l'intérieur d'un gigantesque entrepôt du Beato, il présente une multitude d'articles provenant du Portugal, d'Allemagne, d'Angleterre et de Scandinavie. Il y en a pour tous les prix, et on y fait de bonnes affaires en comparaison avec des magasins semblables à l'étranger.

184 **A OUTRA FACE DA LUA**
Rua da Assunção 22
Baixa ⑥
+351 21 886 3430
www.aoutrafacedalua.com

À l'intérieur d'un superbe bâtiment post-séisme de 1755, cette boutique vend des vêtements féminins vintage dans un cadre hippie-chic. La qualité des articles y est supérieure à n'importe quelle autre boutique de la ville, tout en s'affichant à des prix abordables. Elle dispose d'un joli café avec quelques tables à l'extérieur.

185 **AMÉRICA MÓVEL**
Rua de São Bento 428
Príncipe Real ⑤
+351 21 396 3260
www.americamovel.pt

Point de vente lisboète d'une entreprise possédant un grand entrepôt de mobilier vintage à Santarém, ce magasin offre une sélection de leurs meilleurs articles, la plupart d'origine scandinave. Leurs buffets et tables de salle à manger, splendides, peuvent être livrés partout dans le monde.

Les 5 **BOUTIQUES** les plus **INHABITUELLES**

---

186 **LUVARIA ULISSES**
Rua do Carmo 87A
Chiado ⑥
+351 21 342 0295
www.luvariaulisses.com

Cette boutique de « haute couture pour les mains » est probablement l'une des plus petites au monde. Elle ne peut en effet accueillir qu'un seul client à la fois à l'intérieur de son délicieux décor Art déco. Faisant partie de ces derniers représentants des boutiques à l'ancienne, elle se spécialise exclusivement dans les gants, réalisés sur mesure pour chaque client.

187 **CAZA DAS VELLAS LORETO**
Rua do Loreto 53/5
Chiado ⑥
+351 21 342 5387
www.cazavellasloreto.com.pt

Une boutique étonnante : bougies de toutes tailles, arômes et couleurs y sont rassemblés depuis son ouverture en 1789. L'intérieur, lambrissé, est une merveille d'architecture. Une fois le seuil franchi, vous vous sentirez revenu à une époque révolue où le service se fait personnel et attentif comme vous ne l'avez jamais connu.

188 **VIDA PORTUGUESA**
Rua Anchieta 11
Chiado ⑥
+351 21 346 5073
www.avidaportuguesa.com

Dans cette boutique de cadeaux, tous les superbes articles traditionnels portugais mis en vente ont été soigneusement sélectionnés par Catarina Portas. Derrière ce concept incroyable, une idée de génie : redonner une seconde vie aux produits des créateurs traditionnels.

189 **CHAPELARIA D'AQUINO**
R. do Comércio 16A
Baixa ⑥
+351 91 227 7783

L'une des rares boutiques d'un autre âge encore en activité à Lisbonne. Celle-ci se spécialise dans les chapeaux et est restée l'une des adresses les plus prisées de nombreuses générations de *Lisboetas* dans le vent.

190 **CASA PEREIRA**
Rua Garrett 38
Chiado ⑥
+351 21 342 6694

Entreprise familiale depuis le début du XXe siècle, on y vient toujours se fournir en grains de café de haute qualité, thés et chocolat. Comme dans le passé, cette adresse s'approvisionne toujours, pour beaucoup de ses produits, auprès de fournisseurs dans d'anciennes colonies portugaises ; par exemple, le café et le chocolat de São Tomé et du Brésil.

Les 5 meilleures
LIBRAIRIES

---

191 **LIVRARIA FÉRIN**
Rua Nova do Almada 70-74
Chiado ⑥
+351 21 342 4492
www.ferin.pt

Le fait que cette librairie soit restée dans la même famille depuis plusieurs générations a permis de garder intacts l'esprit et le service tels qu'ils étaient dans les années 1840. On dit qu'il s'agit de la deuxième plus vieille librairie du Portugal. Vous pourriez donc bien y dénicher quelques perles rares sur les étagères.

192 **FÁBRICA DO BRAÇO DE PRATA**
Rua da Fábrica de Material de Guerra 1
Beato ⑨
+351 96 551 8068
www.bracodeprata.com

Une librairie, oui, mais c'est aussi bien plus : ce vibrant centre culturel de la population alternative hipster propose des expositions, des concerts live, des conférences et même un restaurant. Le tout concentré dans le cadre unique d'une ancienne usine de l'est de la ville. Bref, un endroit unique.

193 **LER DEVAGAR**
LX Factory
R. Rodrigues Faria 103
Alcântara ①
+351 21 325 9992
www.lerdevagar.om

Cette librairie nomade s'est établie à plusieurs endroits de Lisbonne avant de poser ses bagages il y a quelques années à l'intérieur du projet hipster LX Factory, occupant un ancien entrepôt rempli d'étagères. La fidélité de sa clientèle explique peut-être sa ténacité en ces temps actuels difficiles pour ce secteur.

194 **PÓ DOS LIVROS**
Avenida Duque de Avila 58A
Avenidas Novas ⑧
+351 21 795 9339
livrariapodoslivros.blogspot.com

Une librairie indépendante de quartier, appréciée pour ses conseils avisés et son service personnalisé ainsi que pour la qualité et la pertinence de sa sélection littéraire. Les patrons mettent un point d'honneur à promouvoir des auteurs et maisons d'édition méconnus. Une section « livres d'occasion » existe également.

195 **LIVRARIA BERTRAND**
Rua Garrett 73-75
Chiado ⑥
+351 21 347 6122
www.bertrand.pt/livrarias-bertrand

La librairie la plus ancienne au monde encore en fonction ! Créée par les frères Bertrand en 1732, elle n'appartient plus aujourd'hui à la même famille, mais a conservé son charme originel bien qu'elle soit devenue le vaisseau amiral d'une chaîne de librairies (et maison d'édition). Sélection intéressante de magazines internationaux.

Les 5 meilleurs
MARCHÉS DE RUE

---

196 **FEIRA DA LADRA**
Campo de Santa Clara
Graça ⑦

Tous les samedis et mardis matin, habitués comme touristes se donnent rendez-vous sur la place Campo de Santa Clara (à côté du Panthéon national) pour chasser la bonne affaire et les curiosités sur le plus divertissant des marchés aux puces lisboètes. Il y en a pour toutes les bourses.

197 **MARCHÉ DU PRÍNCIPE REAL**
Praça do Príncipe Real
Príncipe Real ⑤

Ce marché rassemblant exclusivement des producteurs bio se tient tous les samedis matin autour du jardin Príncipe Real, ce qui en fait une belle idée de promenade tout en visitant ce quartier enchanteur. Les échoppes proposent des fruits et légumes, de l'huile d'olive, des fines herbes fraîches et d'autres produits exceptionnels à un très bon rapport qualité-prix.

198 **MARCHÉ DU DIMANCHE LX FACTORY**
LX Factory
R. Rodrigues Faria 103
Alcântara ①
+351 21 314 3399
www.lxfactory.com

LX Factory, c'est un projet réussi de renouveau urbain qui occupe un groupe de vastes entrepôts et d'usines abandonnés datant du XIXe siècle, dans le quartier de l'Alcântara. Tout en gardant leur aspect brut et romantique, ils accueillent à présent entreprises innovantes, artistes, hauts lieux de la nuit, rendez-vous culturels et un fantastique restaurant.

199 MARCHÉ DU JARDIN DE L'ESTRELA

Jardim da Estrela
Estrela ③
+351 91 413 8287

Le jardin de l'Estrela s'ouvre tous les premiers week-ends de chaque mois (sauf janvier et août) à un rendez-vous « Artisanat & Design », où les artisans investissent les sentiers du jardin pour vendre leurs créations. Les locaux s'y rendent en famille pour profiter du jardin et de ses pelouses qui invitent au pique-nique à la belle saison.

200 MARCHÉ AV. DA LIBERDADE

Av. da Liberdade ④

Les larges trottoirs pavés de l'Avenida da Liberdade sont le théâtre régulier d'un marché aux puces (chaque second week-end du mois, plus le quatrième samedi et le jeudi précédent de mai à octobre) bien plus huppé que celui de Feira da Ladra. Un emplacement tout à fait approprié pour le plus chic des marchés de rue de Lisbonne.

196 FEIRA DA LADRA

Les 5 meilleurs
FLEURISTES

---

201 **EM NOME DA ROSA**
Praça do Príncipe Real 22
Príncipe Real ⑤
+351 21 346 6018

Maurício Fernandes, l'un des plus éminents fleuristes de la ville, a mis tout son esprit artistique et son âme dans cette magnifique boutique située le long du jardin du Príncipe Real et à deux pas du Jardin botanique. Quelle meilleure adresse pour un fleuriste ?

202 **FLOWER POWER**
Calçada do Combro 2
Chiado ⑥
+351 21 342 2381
www.flowerpower.com.pt

Cette adresse originale à la frontière du Chiado et du Bairro Alto est réputée pour ses arrangements floraux créatifs et contemporains. Un joli petit café sert également des repas légers. Sans grande surprise, les tables en plein air sont très prisées.

203 **FLOR FLOR**
Largo Vitorino Damásio 3C – Pav. 3
Santos ③
+351 21 397 3050
www.florflor.pt

Flor Flor appartient aux frères Piano, actifs dans ce secteur depuis plus de vingt ans au Portugal et en Angola. Leur sens du style n'est plus à démontrer ; la liste de leurs clients peut en attester. Leur boutique se situe dans une cour intérieure du Santos à l'air très parisien.

204 DECOFLORÁLIA

Rua Castilho 185C
Parque Eduardo VII ④
+351 21 387 2454
www.decofloralia.pt

Un des fleuristes les plus traditionnels de Lisbonne, ouvert depuis 1976, et célèbre pour ses arrangements floraux lors de mariages ou d'occasions spéciales (il est le fournisseur attitré des plus grands traiteurs et hôtels de la ville). L'équipe (30 personnes !) est passée maître dans la création de décorations époustouflantes réalisées avec des fleurs fraîchement coupées ou séchées.

205 REPÚBLICA DAS FLORES

Rua da Misericórdia 31
Chiado ⑥
+351 21 342 5073
www.republica
dasflores.pt

La bonne adresse pour des arrangements floraux extraordinaires. Mais ce concept unique propose aussi des parfums, du linge de maison, des articles de décoration, des bougies, tissus exotiques, champagne et bonbons. Une caverne d'Ali Baba au cœur de Lisbonne.

205 REPÚBLICA DAS FLORES

Les 5 meilleures
BOUTIQUES DE DESIGN

---

206 **LINHA DA VIZINHA**
Av. Conselheiro Fernando de Sousa 27A
Amoreiras ④
+351 21 382 5350
www.alinhada vizinha.pt

La référence à Lisbonne en matière de design, proposant un vaste choix de mobilier de maison, de jardin ou de bureau et des marques de luminaires comme Vitra, Capellini, Fritz Hansen, Edra et Flos. Cette boutique est le fer de lance d'une entreprise qui conclut d'importants contrats d'ameublement avec des entreprises.

207 **POEIRA**
Rua da Imprensa à Estrela 21B
Estrela ③
+351 21 395 4229
www.poeiraonline.com

Mónica Penaguião, designer d'intérieur vedette, possède cette boutique de design peu conventionnelle dans la même rue que le palais du Premier ministre. Deux boutiques-sœurs à Rio de Janeiro et São Paulo existent également. Mónica sélectionne personnellement les articles en vente, savant mélange de labels internationaux et de pièces d'artisanat.

208 **ESPAÇO B**
Rua Dom Pedro V 120
Príncipe Real ⑤
+351 21 346 1210
www.espaco-b.com

Ce concept store appartient aux mêmes patrons que le B Bazar et Arquitectónica. Il propose un choix sophistiqué et éclectique de modes masculine et féminine (de marques comme « Comme des Garçons »), de livres d'art et de design, de montres, parfums, disques et bougies parfumées.

209 NORD

Av. Infante Dom Henrique, Cais da Pedra, loja 6
Santa Apolónia ⑨
+351 21 882 1045
www.lojanord.com

Nord occupe l'un de ces anciens entrepôts de Santa Apolónia qui accueillent à présent certaines des adresses les plus branchées de Lisbonne. Ce petit commerce vend exclusivement des créations de designers nordiques comme Cecilie Manz, Finn Juhl, Monica Förster ou Arne Jacobsen, pape du design scandinave.

210 ROOF

Rua Nova do Almada 1
Baixa ⑥
+351 21 325 8847
www.roof.pt

Cet atelier-point de vente sophistiqué d'articles de design intérieur se situe juste en dessous du Chiado. Sa collection, soigneusement choisie par une équipe de designers et d'architectes, s'étend du mobilier de maison et de bureau aux luminaires, en passant par des accessoires décoratifs.

207 POEIRA

Les 5 meilleurs
MARCHÉS ALIMENTAIRES

211 MARCHÉ DA RIBEIRA
Avenida 24 de Julho 50
Cais do Sodré ⑥
+351 21 359 3100

Après quelques années de léthargie, le Mercado da Ribeira, le plus grand marché alimentaire de Lisbonne (construit en 1892), fut rénové par le magazine *Time Out*. De nouveaux étals et kiosques y ont été ajoutés, mais les vendeurs traditionnels sont restés. Ce marché est rapidement devenu le nouveau rendez-vous gastronomique de la ville ainsi que sa deuxième attraction la plus populaire.

212 MARCHÉ DE CAMPO DE OURIQUE
Rua Coelho da Rocha
Campo de Ourique ③
+351 21 132 3701
www.mercado decampodeourique.pt

Ce sympathique marché de quartier du Campo de Ourique fut le premier de la ville à être rénové, ouvrant ainsi la voie aux autres. On compte ainsi une dizaine de nouvelles échoppes qui se mêlent parfaitement aux poissonniers et maraîchers traditionnels. Un vrai point névralgique de la ville.

213 **MARCHÉ DE ALVALADE NORTE**
Avenida Rio de Janeiro 27
Alvalade ⑧
+351 21 849 1860

Situé au nord de Lisbonne dans le quartier éponyme, ce marché est apprécié pour la qualité de ses produits. Bien qu'un renouveau comme ceux de Ribeira, Campo de Ourique et Algés ne soit pas à l'ordre du jour, il ne décevra pas les amateurs d'atmosphères familiales et authentiques.

214 **MARCHÉ DE ALGÉS**
Rua Luís de Camões
Algés ①
www.mercado dealges.pt

Voici à nouveau un de ces marchés de quartier typiques de Lisbonne. Remontant aux années 50, il vient d'être récemment rénové pour accueillir 16 échoppes de nourriture et de boissons, et une terrasse extérieure en plus des étals traditionnels.
Un lieu animé où profiter du style de vie lisboète.

215 **MARCHÉ 31 DE JANEIRO**
Rua Engenheiro Vieira da Silva
Saldanha ⑧
+351 21 354 0988

Niché au cœur du quartier des affaires, ce marché offre un large choix de produits ainsi que deux restaurants (dont un végétarien), dans lesquels les menus se préparent à l'aide des ingrédients vendus sur les étals adjacents. On y trouve aussi une boutique intéressante, parente de Cantinho do Vintage, qui vend des meubles vintage.

5
RUES COMMERÇANTES SÉCULAIRES

216 **RUA DOS DOURADORES**
Baixa ⑥

La Rua dos Douradores (« Rue des Doreurs ») fut jalonnée de comptoirs d'artisans travaillant l'or et dorant des cadres, livres et meubles. Cet artisanat fort demandé dans le Vieux Lisbonne faisait même la réputation internationale du Portugal en matière de dorure.

217 **RUA DOS CORREEIROS**
Baixa ⑥

Cette rue commerçante ne reçut son nom actuel qu'après le tremblement de terre de 1755 et la rénovation du centre-ville que celui-ci entraîna. *Correeiros* désignait les selliers de la ville, fournissant les équipements aux cavaliers et aux calèches, moyen de transport principal de l'époque.

218 **RUA DOS FANQUEIROS**
Baixa ⑥

Pratiquement rien n'a changé dans la Rua dos Fanqueiros (« Rue des Drapiers ») : on trouve toujours le long de cette rue du Baixa des dizaines de boutiques spécialisées en textiles et tissus d'intérieur. Une rue commerçante très animée, aux commerces pour tous les budgets.

219 **RUA DA PRATA**
Baixa ⑥

Après le séisme de 1755, les argentiers de la ville furent concentrés le long de cette rue du centre-ville, l'une des plus larges du Baixa. Beaucoup d'entre eux sont encore en activité aujourd'hui, certains remontant au XVIIIe siècle, époque à laquelle l'argent fut ramené au Portugal depuis les mines d'une de ses anciennes colonies, le Brésil.

220 **RUA DO OURO/ RUA ÁUREA**
Baixa ⑥

Cette « Rue des Orfèvres » fait partie de ces rues commerçantes qui existaient déjà avant que le tremblement de terre de 1755 ne détruise une bonne partie de la ville. Après rénovation de cette dernière, les boutiques de cette rue furent attribuées aux orfèvres et aux horlogers. Plusieurs immeubles furent par la suite transformés en bureaux de banques.

Les 5 meilleurs
SALONS DE COIFFURE
et BARBIERS

---

221 **PATRICK**
Av. da Liberdade 245
Av. da Liberdade ④
+351 21 315 0578
www.patrick
cabeleireiro.pt

Né à Bruxelles, Patrick Depaus est devenu une institution dans le monde de la coiffure à Lisbonne. Lorsqu'il a débarqué au Portugal il y a trente ans, il était l'un des pionniers d'une nouvelle génération de salons. En mettant son apprentissage artistique en pratique, il s'est constitué l'une des clientèles les plus prisées de la ville.

222 **PURISTA**
Rua Nova da
Trindade 16C
Chiado ⑥
+351 91 644 2744

Un concept stylé, mêlant à la fois un bar (spécialisé dans la bière belge artisanale) et un barbier. La clientèle masculine peut y venir à toute heure du jour et de la nuit pour une coupe barbe ou cheveux tout en prenant un verre, en écoutant une excellente sélection musicale et, occasionnellement, en profitant d'un concert live.

223 **FACTO LAB**
Rua do Norte 40-42
Bairro Alto ⑤
+351 21 347 8821
www.factohair.com

On considère généralement Facto Lab comme l'un des salons les plus branchés et audacieux de la ville. Ses clients réguliers (dont beaucoup viennent du milieu de la mode et de l'art) s'y pressent en quête d'un look élégant et original. Il se situe, sans grande surprise, au cœur du quartier avant-gardiste Bairro Alto.

224 **HAIR FUSION**
Travessa do
Carmo 14
Chiado ⑥
+351 21 347 7302
www.hairfusion.pt

Joana Oliveira et Alexandre Silva coiffent les têtes les plus en vogue et les plus célèbres. Ils sont aux commandes de Hair Fusion, un salon « shabby-chic » installé dans un vieil immeuble du Chiado. Les actrices et mannequins du pays l'adorent. Vous pourriez bien vous retrouver côte à côte avec une célébrité nationale.

225 **FIGARO**
Rua do Alecrim 39
Chiado ⑥
+351 21 347 0199
www.figaroslisboa.com

Ce barbier à l'ancienne (rasoir à main, coupes des années 20 et 50) a causé quelques remous lors de son ouverture il y a quelques années puisqu'il refusait l'accès aux femmes, s'attirant ainsi les foudres des féministes. Les choses se sont heureusement calmées par la suite, pour le plus grand bonheur de ses clients masculins.

5
RUES COMMERÇANTES ET LEUR QUARTIER

---

226 **RUA DE SÃO BENTO**
Príncipe Real ⑤

Cette rue pittoresque est célèbre pour ses magasins d'antiquités. Elle en compte en effet plus de 20, proposant certaines des meilleures trouvailles de la ville. Parmi les étapes obligatoires : Câmara dos Poares, São Roque ou Miguel Arruda. Pour les palais sucrés, essayez la crème glacée de Nannarella et le chocolat de Denegro.

227 **RUA DA ESCOLA POLITÉCNICA**
Príncipe Real ⑤

Cette artère du Príncipe Real est l'une des plus tendance de la ville. Locaux et touristes parcourent ses concept stores, ses antiquaires, ses restaurants (Zero Zero, Prego da Peixaria). À deux pas, le Jardin botanique et le Musée d'histoire naturelle.

228 **RUA GARRETT**
Chiado ⑥

Colonne vertébrale du Chiado, la Rua Garrett accueille quelques-un(e)s des meilleur(e)s cafés, boutiques, librairies (Bertrand, Sá da Costa), commerces traditionnels (Casa Pereira, Paris em Lisboa), mais aussi un petit centre commercial et les boutiques phares de marques internationales.

229 **AVENIDA DE ROMA**
Avenidas Novas ⑧

Dans le district de l'Alvalade, l'Avenida de Roma fut l'une des artères principales construites au début du XXe siècle en réponse à l'expansion urbaine. Épicentre du nord de Lisbonne, c'est un lieu à visiter si vous désirez vous immerger dans la vie lisboète locale, sans touristes aux alentours.

230 **RUA FERREIRA BORGES**
Campo de Ourique ③

Cette rue bordée d'arbres est surtout célèbre pour ses cafés et ses commerces. On y vient de tous les coins de la ville pour se relaxer et profiter de la convivialité du Campo de Ourique, le quartier favori des Lisboètes. Commandez un café à la terrasse de Tentadora avant de jeter un coup d'œil aux boutiques voisines.

228 RUA GARRETT

Les 5 meilleurs
MAGASINS D'ANTIQUITÉS

---

231 LIVRARIA CAMPOS TRINDADE
Rua do Alecrim 44
Chiado ⑥
+351 21 347 1857
www.livraria
campostrindade.com

Un coffre au trésor regorgeant de livres anciens, tenu depuis deux générations par la même famille : le père de Bernardo Trindade, propriétaire actuel, l'a en effet créé dans les années 70. Probablement le meilleur endroit de la ville où découvrir quelques raretés littéraires. Bernardo est d'ailleurs toujours là pour vous aiguiller. Même sans rien acheter, cette boutique est une merveille à découvrir.

232 D'OREY TILES
Rua do Alecrim 68
Chiado ⑥
+351 21 343 0232
www.doreytiles.pt

Les carreaux de faïence décorés (*azulejos*) sont une tradition bien ancrée au Portugal depuis l'occupation maure, qui dura près de sept siècles avant de s'achever en 1250. Meilleure boutique de la ville en la matière, elle propose une sélection rassemblant plusieurs siècles : motifs d'inspiration maure et baroque, mais également motifs plus contemporains.

233 JORGE WELSH
Rua da
Misericórdia 43
Chiado ⑥
+351 21 395 3375
www.jorgewelsh.com

Jorge Welsh s'est taillé une renommée mondiale par son expertise en porcelaine chinoise. Sa boutique élégante et sophistiquée du Chiado (il en possède une autre à Londres) renferme une collection plus précieuse que celles de nombreux musées. Les passionnés de porcelaine d'Extrême-Orient n'en reviendront pas.

234 SÃO ROQUE
R. de São Bento 269
Príncipe Real ⑤
+351 21 397 0197
www.antiguida
dessaoroque.com

Le meilleur antiquaire de Lisbonne possède deux charmantes boutiques dans la Rua de São Bento : São Roque et São Roque Too. Toutes deux exposent des pièces rassemblées par le patron lui-même, Mário Roque. De loin la sélection la plus inspirée de la ville en matière d'antiquités et d'art moderne.

235 MIGUEL ARRUDA
R. de São Bento 356
Príncipe Real ⑤
+351 21 396 1165
www.arruda.pt

Miguel Arruda possède également une salle de vente aux enchères, ce qui lui permet d'acheter des objets d'envergure internationale pour sa boutique d'antiquités installée dans un immeuble du XVIIIe siècle à São Bento. Derrière la vitrine se cachent meubles anciens, œuvres religieuses, toiles de maîtres, porcelaines et argenteries.

Les 5 meilleurs
CONCEPT STORES

---

236 **SKINLIFE**
Rua Paiva de
Andrade 4-4A
Chiado ⑥
+351 21 193 0236
www.skinlife.pt

Dennis et Patrick, deux Hollandais, tiennent ce concept store unique du Chiado dédié aux parfums et cosmétiques. Leur boutique joliment aménagée propose leur sélection avisée de marques exclusives, de gammes de maquillage et de produits destinés aux soins de la peau et des cheveux.

237 **EMBAIXADA**
Praça do Príncipe
Real 26
Príncipe Real ⑤
+351 96 530 9154
www.embaixadalx.pt

Occupant un palais pittoresque des années 1800 au style néo-mauresque, cette galerie commerçante se révèle en fait être un concept store de taille. Elle compte une dizaine de boutiques différentes, réparties sur les deux étages de l'édifice, ainsi que quelques restaurants et une terrasse extérieure.

238 **ENTRE TANTO**
Rua da Escola
Politécnica 42
Príncipe Real ⑤
+351 96 120 4571
www.entretanto.pt

Propriété de la même entreprise qui a fondé Embaixada, ce marché couvert occupe un ancien palais du XVIIe siècle et recense plus de 20 boutiques et échoppes proposant vêtements, chaussures, lunettes, œuvres d'art et articles de déco. Vous trouverez aussi au rez-de-chaussée un comptoir à jus et une pâtisserie.

239 CHIADO FACTORY

Rua da
Misericórdia 79
Chiado ⑥
+351 21 346 0009
www.loja.chiado-factory.pt

Cet imposant concept store à deux étages installé au Chiado peut se targuer d'un vaste choix de marques de mode (la plupart portugaises), de lunettes, de chaussures, de desserts et de cosmétiques. On y vend les créations de quelques jeunes artistes contemporains, et de petits espaces de bureaux s'y louent aussi. Voilà qui en fait un centre d'affaires unique.

240 21PR CONCEPT STORE

Praça do Príncipe
Real 21
Príncipe Real ⑤
+351 21 346 9421

Ce concept store mis sur pied par le styliste Ricardo Preto expose les créations de marques de design tantôt portugaises, tantôt internationales. C'est un véritable cinq-en-un puisqu'on y trouve aussi du chocolat artisanal, de la mode féminine, de la joaillerie, de la décoration de maison et des aliments fins.

238 **ENTRE TANTO**

FUNDAÇÃO CHAMPALIMAUD

25 PROUESSES ARCHITECTURALES

---

5 BÂTIMENTS HISTORIQUES
époustouflants ———————————————— 128

5 MONUMENTS UNIQUES ——————— 130

5 ÉDIFICES MODERNES *surprenants* ———— 132

5 PALAIS REMARQUABLES ——————— 135

5 ASCENSEURS *et* FUNICULAIRES
uniques ———————————————————— 137

5
BÂTIMENTS HISTORIQUES
époustouflants

---

241 **MONASTÈRE DES HIÉRONYMITES**
Praça do Império
Belém ②
+351 21 362 0034
*www.mosteiro
jeronimos.pt*

Ce site classé au patrimoine mondial de l'UNESCO fut bâti au XVIe siècle dans un style manuélin richement décoré. L'une des plus belles illustrations du pouvoir et de la richesse de la nation portugaise à l'époque des Grandes Découvertes. Ne manquez pas les tombes de Vasco de Gama et de Luís de Camões.

242 **TOUR DE BELÉM**
Avenida Brasília
Belém ②
+351 21 362 0034
www.torrebelem.pt

La Tour de Belém (classée elle aussi au patrimoine mondial) est sans aucun doute la plus belle prison au monde, bien qu'elle fût construite au départ (en 1515) pour la défense militaire de la ville. Un monument chargé d'histoire ; une icône de la ville et du Portugal.

243 **GARE DU ROSSIO**
Rua 1º de Dezembro
Baixa ⑥

La gare centrale historique de Lisbonne, construite dans un imposant style néo-manuélin, fait probablement partie des plus belles gares du monde. Des rénovations récentes ont restauré sa grandeur tout en aménageant des espaces de bureaux, des restaurants et même une auberge.

244 COUVENT DES CARMES

Largo do Carmo
Chiado ⑥
+351 21 347 8629

Les ruines spectaculaires du couvent gothique des Carmes sont l'un des vestiges encore visibles du 1er novembre 1755, lorsqu'un terrible séisme et un tsunami rasèrent pratiquement la ville. L'église du couvent a tenu bon, mais a perdu son toit qui ne fut jamais remplacé.

245 CATHÉDRALE SANTA MARIA MAIOR

Largo da Sé
Sé ⑦
+351 21 886 6752
www.patriarcado-lisboa.pt

La cathédrale de Lisbonne, bâtie dans les années 1100, reste le plus beau vestige de la ville en matière d'architecture romane. Avec ses tours défensives et ses remparts, elle fait plus penser à un château fort qu'à une église. Elle renferme une myriade de trésors, dont plusieurs tombes royales, une célèbre scène de la Nativité et un cloître gothique.

242 **TOUR DE BELÉM**

5
MONUMENTS UNIQUES

---

246 **PANTHÉON NATIONAL**
Campo de Santa Clara
Graça ⑦
+351 21 885 4820

Le Panthéon national portugais marque la dernière demeure des personnalités politiques et artistiques les plus importantes du pays. Ses « résidents » comprennent plusieurs anciens présidents, poètes et écrivains, la légende du fado Amália Rodrigues et, plus récemment, le joueur de football Eusébio. Oui, les Portugais aiment beaucoup ce sport !

247 **LE CHRIST ROI (CRISTO REI)**
Alto do Pragal, Avenida Cristo Rei
Almada ①
+351 21 275 1000
www.cristorei.pt

Ce monument fut inauguré en 1959 comme symbole de la reconnaissance de l'Église catholique envers Dieu pour avoir épargné Lisbonne du drame de la Seconde Guerre mondiale. S'élevant à 75 mètres de haut, il offre un panorama phénoménal sur la ville et sur le Tage qui vaut bien le déplacement de l'autre côté du fleuve.

248 L'AQUEDUC DAS ÁGUAS LIVRES

Calçada da
Quintinha 6
Campolide ④
+351 21 810 0215

Cet aqueduc remarquable fut construit dans les années 1700 pour approvisionner la ville en eau fraîche. Le développement moderne de la ville a eu pour conséquence la démolition de la plupart de ses structures, mais certaines sont encore visibles un peu partout dans la ville, en particulier dans la vallée du Campolide, où la section la plus haute se dresse toujours et émerveille les passants.

249 ARÈNES DU CAMPO PEQUENO

Avenidas Novas ⑧
+351 21 799 8450
www.campo
pequeno.com

Lisbonne possède l'une des arènes les plus sensationnelles et originales au monde, qui rivalisent avec celles de Séville et de Ronda. Bâties au XIXe siècle dans un style néo-mauresque, elles accueillent toujours des spectacles de tauromachie, une tradition culturelle portugaise controversée. Une arcade commerçante fut construite dans les étages inférieurs il y a quelques années.

250 PADRÃO DOS DESCOBRIMENTOS

Avenida Brasília
Belém ②
+351 21 303 1950
www.padraodos
descobrimentos.pt

Cet imposant monument se dressant fièrement au bord du fleuve symbolise les Grandes Découvertes (d'où son nom de "Monument aux Découvertes"). Il rend hommage à Henri le Navigateur et aux marins et explorateurs qui ont parcouru les mers sous son patronage, apportant au pays une prospérité inégalée. Un ascenseur amène les visiteurs jusqu'à son sommet qui offre un superbe panorama.

5
ÉDIFICES MODERNES
surprenants

---

251 **PAVILLON DU PORTUGAL**
Parque das Nações, Alameda dos Oceanos
Parque das Nações ⑩

Siza Vieira, lauréate du prix Pritzker, a dessiné en 1998 ce pavillon emblématique pour l'Exposition universelle. Pour cette occasion, une nouvelle ville vit le jour dans l'espace industriel à l'est de Lisbonne. L'élément le plus marquant de cette structure reste l'immense toit de béton d'aspect aussi léger qu'une plume, semblant défier la gravité.

252 **TOUR DE CONTRÔLE DU PORT DE LISBONNE**
Belém ②

Si vous entrez à Lisbonne par voie maritime, votre œil sera immédiatement attiré par la tour de contrôle du port, penchée. Œuvre de l'architecte local Gonçalo Byrne, cet édifice audacieux a dépassé sa fonction rationnelle grâce à sa beauté et a reçu de nombreux prix architecturaux. Le parfait compagnon contemporain des autres monuments côté fleuve.

255 **FONDATION CHAMPALIMAUD**

252 **TOUR DE CONTRÔLE DU PORT DE LISBONNE**

253 SIÈGE SOCIAL EDP

Avenida 24 de Julho
Cais do Sodré ⑥

Ce bâtiment léger et aérien fut dessiné par la firme d'architecture primée Aires Mateus pour accueillir le siège social de l'entreprise EDP, ancienne propriété de l'État. Installé à côté du Mercado da Ribeira, il se mêle parfaitement à son environnement pourtant contrasté, en dépit de sa taille et de son style ; et a même établi une nouvelle référence en matière d'architecture contemporaine à Lisbonne.

254 MUSÉE DES CARROSSES

Praça Afonso de Albuquerque
Belém ②
+351 21 361 0850
www.museu doscoches.pt

On doit ce nouveau Musée national des Carrosses au vainqueur brésilien du prix Pritzker, Paulo Mendes da Rocha. Construit sur un terrain adjacent à l'ancien musée, qui occupait l'ancienne école équestre royale, le musée offre une toile de fond contemporaine à ces calèches richement ornementées. Certaines remontent même au XVe siècle.

255 FONDATION CHAMPALIMAUD

Centro Champalimaud,
Avenida de Brasília
Belém ②
+351 21 048 0200
www.fchampalimaud.org

Le « Centre Champalimaud pour l'inconnu » occupe un bâtiment dernier cri, œuvre de l'architecte indien Charles Correa. Situé au bord de l'eau, près de l'embouchure du Tage, cet édifice a trouvé le parfait équilibre entre beauté et fonctionnalité. Il exprime l'essence même du magnifique emplacement sur lequel il a été bâti.

5
PALAIS REMARQUABLES

---

256 **CASA DO ALENTEJO**
Rua das Portas de Santo Antão 58
Av. da Liberdade ④
+351 21 340 5140
www.casadoalentejo.com.pt

On a peine à imaginer les merveilles que renferme la Casa do Alentejo. Son décor d'inspiration néo-mauresque, aux salles grandioses richement décorées, son restaurant et son grand hall se prêtent parfaitement aux événements culturels et réunions qui y ont lieu régulièrement.

257 **PALÁCIO FOZ**
Praça dos Restauradores
Av. da Liberdade ④
+351 21 322 1200
www.gmcs.pt/palaciofoz

Ce palais (accessible uniquement aux groupes avec réservation) fut construit à la fin des années 1700. Il rassemble plusieurs styles architecturaux, du baroque au néo-manuélin. Ses salles rivalisent en majesté avec celles du palais royal.

258 **PALÁCIO DA AJUDA**
Largo da Ajuda
Ajuda ①
+351 21 363 7095
www.palacioajuda.pt

Après le terrible séisme et tsunami qui détruisit le palais royal installé au bord de l'eau, la famille royale décida d'en construire un nouveau, davantage a l'abri, sur un terrain plus élevé, au-dessus de Belém. Il ne fut jamais entièrement terminé, mais la richesse de son décor et la splendeur de ses pièces valent bien la visite.

259 CHÂTEAU DE SAINT-GEORGES

Rua de Santa Cruz do Castelo
Castelo ⑦
+351 21 880 0620
www.castelode saojorge.pt

L'histoire de Lisbonne se reflète dans celle de ce château, se dressant à une altitude stratégique au-dessus des autres collines de la ville. Les découvertes archéologiques les plus anciennes remontent au VIe siècle, ce qui donne à ce château à peu près 1 500 ans. Il servait de résidence royale jusqu'à ce que la famille s'installe dans le palais de Ribeira au XVIe siècle.

260 ASSEMBLÉE NATIONALE

Palácio de São Bento
Lapa ③
+351 21 391 9000
www.parlamento.pt

L'Assemblée nationale portugaise (Palais de São Bento) occupe un ancien monastère du XVIe siècle désacralisé et transformé en palais néoclassique. Il est ouvert aux visiteurs et si la politique portugaise vous intéresse, sachez qu'il est possible d'assister aux sessions parlementaires.

259 CHÂTEAU DE SAINT-GEORGES

5
ASCENSEURS et FUNICULAIRES
uniques

---

261 **FUNICULAIRE DE GLÓRIA**
Calçada da Glória
Chiado ⑥

Le funiculaire de Glória, datant de 1885, offre un voyage de 275 mètres entre le jardin São Pedro de Alcântara et la place des Restauradores en aidant les piétons à gravir cette pente ardue de 18 degrés. Le dénivelé ainsi que le funiculaire lui-même servent de toile urbaine aux artistes graffeurs de la ville.

262 **FUNICULAIRE DE BICA**
Rua da Bica de
Duarte Belo
Cais do Sodré ⑥

Le funiculaire de Bica rime avec pittoresque. Il emmène les voyageurs de haut en bas de la Rua da Bica de Duarte Belo, très appréciée des photographes, depuis la rue São Paulo, jusqu'au Calçada do Combro et au Chiado. Un hôtel s'est d'ailleurs installé dans le bâtiment depuis lequel part le funiculaire. Celui-ci ne fonctionne pas la nuit ; c'est le moment que choisissent les bars de la rue pour ouvrir. L'atmosphère devient alors magique.

FUNICULAIRE DE BICA

263 ASCENCEUR DE SANTA JUSTA

Rua Áurea
Chiado ⑥
+351 21 413 8679

Ce splendide ascenseur vertical néogothique de 45 mètres de haut sert de point de passage entre le Chiado et le centre-ville. Beaucoup l'attribuent, à tort, à Gustave Eiffel. Au sommet, la terrasse offre une vue hallucinante à 360 degrés sur le vieux Lisbonne. Attention toutefois aux pickpockets en empruntant l'escalier en spirale.

264 ASCENSEURS CHÃO DO LOUREIRO

Mercado do Chão do Loureiro
Baixa ⑥

Ces deux ascenseurs verticaux rendent la promenade entre le centre-ville et le château moins fatigante. Le premier part d'un immeuble de la Rua dos Fanqueiros (170/178) et s'arrête dans la Rua da Madalena. À peine 100 mètres plus loin, le deuxième transporte à son tour les voyageurs jusqu'au niveau de la Rua Costa do Castelo.

265 FUNICULAIRE DO LAVRA

Calçada do Lavra
Av. da Liberdade ④
+351 21 413 8681

Le tout premier funiculaire de la ville, construit un an avant l'entrée en fonction de celui de Glória, débuta son activité en 1884. Depuis cette date, il emmène ses passagers depuis l'Avenida da Liberdade jusqu'en haut de la Calçada do Lavra. À l'image des autres ascenseurs et funiculaires traditionnels lisboètes, celui-ci est aussi classé « monument national ».

JARDIN BOTANIQUE

50 ENDROITS POUR DÉCOUVRIR LISBONNE

Les 5 plus **BEAUX PAYSAGES** —————— 142

5 lieux pour **COMPRENDRE L'HISTOIRE DE LISBONNE** —————— 145

5 lieux d'où **ADMIRER LE TAGE** —————— 147

5 ÉGLISES CACHÉES —————— 149

Les 5 plus belles promenades en **TRAM, BUS ET EN BATEAU** —————— 151

5 chouettes QUARTIERS —————— 153

Les 5 plus beaux **PARCS ET JARDINS** —————— 155

5 PLACETTES —————— 158

Les 5 **LIEUX LES PLUS PAISIBLES** —————— 160

5 CIMETIÈRES ÉTONNANTS —————— 162

Les 5 plus
BEAUX PAYSAGES

---

266 **JARDIN AMÁLIA RODRIGUES**
Alameda Cardeal Cerejeira
Parque Eduardo VII ④

Le jardin Amália Rodrigues pourrait bien être le point de vue naturel le plus haut de la ville. Il surplombe entièrement la capitale portugaise et offre une vue dégagée sur le parc Eduardo VII, la place Marquês de Pombal et l'Avenida da Liberdade. Par temps clair, on peut même apercevoir Palmela et la montagne de l'Arrábida.

267 **MIRADOR DE SÃO PEDRO DE ALCÂNTARA**
Rua São Pedro de Alcântara
Príncipe Real ⑤

Le jardin de São Pedro de Alcântara possède le meilleur emplacement de la ville, au croisement entre le Chiado, le Príncipe Real et le Bairro Alto. Il offre, sur deux niveaux, un panorama à 180 degrés sur le centre-ville, le château, la colline de Graça et le Tage. Tandis que le niveau supérieur est jalonné d'arbres et doté d'un kiosque, le second présente de superbes jardins à la française.

268 **ARC DE TRIOMPHE DA RUA AUGUSTA**

267 **JARDIN DE SÃO PEDRO DE ALCÂNTARA**

268 ARC DE TRIOMPHE DA RUA AUGUSTA

Rua Augusta 2
Baixa ⑥

L'arc de triomphe au début de la Rua Augusta fut construit en 1875 pour servir de voie d'entrée dans la ville en venant du fleuve. Il possède une terrasse au sommet, à laquelle on accède par un ascenseur. Point de vue unique à 360 degrés sur Lisbonne garanti !

269 PANORAMA SANTA CATARINA

Largo de Santa Catarina
Santa Catarina ⑤

Le panorama Santa Catarina, situé dans le charmant quartier éponyme, est entouré de palais et d'appartements luxueux. Un endroit décontracté où musiciens et artistes de rue sont légion, où les groupes de jeunes viennent boire un verre et d'où l'on apprécie la vue sur le fleuve. Quelques sympathiques bars et kiosques aux alentours complètent le tableau.

270 BELVÉDÈRE PORTAS DO SOL

Largo Portas do Sol
Alfama ⑦

Le nom de ce belvédère se traduit par « Portes du Soleil ». On comprend aisément pourquoi : il s'agit en effet du meilleur endroit de la ville pour admirer le coucher du soleil. Ce superbe point de vue panoramique englobe tout l'Alfama et ses toits couleur brique, le monastère Saint-Vincent et le Tage. Nous vous conseillons d'en profiter depuis la terrasse d'un kiosque ou d'un café.

5 lieux pour
COMPRENDRE
L'HISTOIRE DE LISBONNE

---

271 **BAIXA POMBALINA**
Baixa ⑥

Baixa, le centre-ville de Lisbonne, fut entièrement rebâti après le tremblement de terre de 1755. Le Premier ministre de l'époque, le marquis de Pombal, redessina la ville en imaginant de plus larges avenues. Certaines d'entres elles furent réservées entièrement aux piétons.

272 **LISBON STORY CENTER**
Terreiro do Paço 78-81
Baixa ⑥
+351 21 194 1099
www.lisboastory
centre.pt

Ce musée a ouvert ses portes il y a quelques années dans l'aile est du Terreiro do Paço. Une aventure multimédia et multisensorielle raconte l'histoire de la ville ainsi que de ses personnages et événements les plus significatifs. Une boutique vend également des souvenirs à l'effigie de la ville.

273 **LARGO DO CARMO**
Largo do Carmo
Chiado ⑥

Vous trouverez ici les ruines du couvent des Carmes. Ce lieu marque aussi le point de départ de la révolution des Œillets de 1974, lorsque l'armée entoura les quartiers généraux de la police où le Premier ministre avait trouvé refuge avant d'être forcé à démissionner.

274 MUSÉE DE LISBONNE
Campo Grande 245
Avenidas Novas ⑧
+351 21 751 3200
www.museudelisboa.pt

Le Musée de Lisbonne a pris le parti d'une approche muséologique originale en séparant ses activités en cinq lieux : Palácio Pimenta, Teatro Romano, Santo António, Torreão Poente et Casa dos Bicos, qui relatent tous le passé surprenant de cette ville.

275 PALAIS DE BELÉM
Palácio de Belém
Calçada da Ajuda
Belém ②
+351 21 361 4600
www.presidencia.pt

De manière assez ironique, le Palais de Belém, résidence officielle du président portugais, servit à un moment de l'histoire de résidence royale. Parmi ses points d'intérêt, on compte ses magnifiques jardins et le Musée de la présidence, qui raconte l'histoire de la République portugaise à travers ses présidents.

271 **BAIXA POMBALINA**

5 lieux d'où
ADMIRER LE TAGE

---

276 CAIS DO GINJAL
Rua do Ginjal
Cacilhas
Almada ①

On accède au Cais do Ginjal, de l'autre côté du Tage, en prenant le ferry de Cais do Sodré jusqu'à Cacilhas. Rien que le voyage d'une rive à l'autre vaut le détour, mais la cerise sur le gâteau, c'est surtout la balade le long des berges, qui offre un point de vue magnifique sur Lisbonne. Quelques restaurants au bord de l'eau possèdent un panorama extraordinaire.

277 PASSEIO DAS DOCAS
Doca de Santo Amaro
Alcântara ①
+351 21 392 2011

Les docks de Lisbonne, pleins de vie, se situent juste en dessous du pont du 25-Avril. Ils sont en fait constitués d'entrepôts reconvertis qui accueillent à présent une multitude de restaurants, cafés et night-clubs. À chaque heure de la journée, son épisode. On y trouve même quelques terrains de paddle-tennis. Un charmant port de plaisance complète le tableau.

278 **PARC DO TEJO**
Parque das Nações ⑩
*www.portaldas
nacoes.pt*

Ce parc au bord de l'eau attire les résidents de l'est de Lisbonne, qui viennent y courir, faire du vélo ou s'y promener tout en admirant le pont Vasco de Gama et sa tour. En vous munissant de jumelles, vous pourriez bien apercevoir quelques oiseaux aquatiques et même quelques flamants roses qui résident dans l'estuaire du Tage certains mois de l'année.

279 **BELÉM**
Belém ②

Les habitués adorent la promenade séparant le pont du 25-Avril et Belém. On les voit tous les jours y courir, faire du vélo, pêcher, promener leur chien ou simplement contempler le joli point de vue sur le fleuve en famille. Plusieurs pelouses et terrasses permettent de se relaxer en profitant de ce paysage.

280 **RIBEIRA DAS NAUS**
Baixa ⑥

Cette promenade relie la place Terreiro do Paço au Cais do Sodré. Ouvert en 2013, ce lieu compte parmi les plus beaux endroits de Lisbonne côté fleuve. Du temps des Grandes Découvertes, il s'agissait d'un chantier naval depuis lequel s'élançaient les navires vers les terres portugaises d'outre-mer. Les jours d'été, on y voit des centaines de personnes allongées sur l'herbe profiter du soleil.

5
ÉGLISES CACHÉES

281 CHAPELLE DE BELÉM
Travessa do Marta Pinto 21
Belém ②
+351 21 363 7700
www.travessa daermida.com

Un secret bien gardé que cette minuscule ancienne chapelle du XVIIIe siècle. Elle accueille une initiative culturelle innovante, dont un espace d'exposition d'art et de design contemporain, un bar à vin et un atelier de joaillerie. La ruelle où elle se situe fait partie également du projet.

282 CHAPELLE DE SANTO AMARO
Calçada de Santo Amaro
Alcântara ①

Cette chapelle discrète et effacée, située au sommet de la colline Santo Amaro, est un monument national. Par définition, une visite s'impose. Remontant à 1549, elle arbore une forme circulaire très originale. Les *azulejos* (faïence décorée) à l'intérieur sont splendides, tout comme la vue.

283 CHAPELLE DA ORDEM TERCEIRA DO CARMO
Largo do Carmo
Rua Oliveira do Carmo 4
Chiado ⑥
+351 21 342 1790
www.ordem-do-carmo.pt

On peut passer tous les jours par la place de Carmo et ne jamais remarquer cette magnifique chapelle intimiste, installée au premier étage de l'édifice qui abrite l'ordre religieux des Carmes. La visite s'effectue en franchissant les portes, puis en grimpant l'escalier de pierre. Vous serez émerveillé devant les dorures qu'arbore l'autel caché entre ces murs.

284 ÉGLISE DA CONCEIÇÃO VELHA

R. da Alfândega 108
Baixa ⑥
+351 21 887 0202

L'église de Conceição Velha (également monument national) fut construite en 1496 sur les ruines de la synagogue juive qui se tenait là autrefois. L'église fut détruite durant le séisme de 1755, puis reconstruite à l'aide de sections d'autres églises. Voilà qui explique le style manuélin assez anachronique de sa façade. L'intérieur renferme une collection précieuse de toiles religieuses.

285 MONASTÈRE DO RESTELO

Jardim Ducla Soares
Belém ②

Le monastère do Restelo (monument national) toise de haut le quartier de Belém, surplombant l'avenue qui mène à la Tour du même nom. On raconte de cet édifice remontant au XVe siècle qu'il aurait accueilli Vasco de Gama et ses hommes pour une nuit de prières avant qu'ils ne prennent le large vers l'Orient en 1497.

Les 5 plus belles promenades en
TRAM, BUS ET EN BATEAU

---

286 **TRAFARIA PRAIA**

Pour la Biennale de Venise, Joana Vasconcelos, figure majeure de l'art contemporain portugais, eut l'idée du Trafaria Praia, fusion allégorique entre le *cacilheiro* lisboète (ferry emblématique) et le *vaporetto* vénitien. Cette œuvre d'art flottante ancrée à présent à Lisbonne se visite et propose des croisières sur le Tage.

287 **CACILHEIRO**

Cacilheiros désigne les bateaux qui relient les deux rives du Tage. Comme leur nom l'indique, ils faisaient autrefois la navette entre Lisbonne et Cacilhas. Depuis lors, d'autres trajets ont fait leur apparition. Un joli périple qui permet aux visiteurs de voir Lisbonne autrement.

288 **TRAM 28**

Probablement l'une des attractions touristiques les plus populaires de la ville. Ce voyage de 7 kilomètres au total emmène les passagers du Campo de Ourique à Martim Moniz, le tramway arpentant les collines et traversant les lieux majeurs de la ville. Attention toutefois aux pickpockets.

289 **TRAM EN LIÈGE**   Embarquez à bord de l'un des deux trams revêtus de liège, ce produit capital de l'économie portugaise (le pays en est en effet le premier producteur au monde). Ces « Eletri'Cork » vous baladeront dans le centre historique, de la place Figueira au château de Saint-Georges.

290 **HIPPOTRIP**
www.hippotrip.com

Le bus/bateau HIPPOtrip propose une visite de Lisbonne amusante et audacieuse à bord d'un véhicule amphibie. Pendant nonante minutes, ce périple vous entraînera tout autour de la ville par voie terrestre… et maritime. Les animateurs enjoués assurent l'ambiance, mais n'oublient pas de partager un commentaire historique sur les lieux traversés.

288 **TRAM 28**

5 chouettes
QUARTIERS

---

291 **CAMPO DE OURIQUE**
 Campo de Ourique ③

Ce quartier résidentiel et commerçant compte de nombreux fans. Ils s'y rendent pour faire des emplettes ou acheter des vêtements pour enfants, mais aussi pour profiter de ses nombreux restaurants. Sa situation un peu à l'écart des attractions touristiques habituelles (bien qu'il soit le premier/dernier arrêt du tram 28) constitue une raison supplémentaire d'y découvrir l'authentique Lisbonne.

292 **PRÍNCIPE REAL**
 Príncipe Real ⑤

Un quartier enchanteur, longeant la partie nord du Bairro Alto. Depuis une dizaine d'années, il est devenu la destination phare en matière de shopping dans l'air du temps et de restaurants en vogue. Un parfait équilibre entre immeubles publics, résidentiels et de bureaux, auquel s'ajoutent de jolis jardins et une atmosphère chic.

293 **CHIADO**
Chiado ⑥

Le quartier le plus sophistiqué de Lisbonne depuis plus de 150 ans, lieu de rendez-vous des « trendsetters » en quête de mode, culture, divertissement et gastronomie. Plusieurs immeubles du Chiado furent sévèrement endommagés pendant un incendie dans les années 90 et ont subi une restauration conséquente sous l'œil expert de l'architecte primé Álvaro Siza Vieira.

294 **ALFAMA**
Alfama ⑦

L'Alfama est peut-être le quartier le plus ancien de Lisbonne (et le deuxième plus vieux d'Europe), puisqu'il remonte aux premières occupations de la ville. Son atmosphère pittoresque, authentique et surannée confère à ce « village dans la ville » un petit côté médiéval. Un endroit à découvrir à pied, en se perdant dans son dédale de ruelles et de placettes.

295 **BAIRRO ALTO**
Bairro Alto ⑤

Le sympathique quartier du Bairro Alto (« Quartier haut ») concentre par ses restos et bars en tous genres les activités nocturnes de Lisbonne. En journée, les heures s'écoulent plus calmement pour profiter de ses nombreuses petites boutiques hipsters, galeries d'art et cafés attirant à la fois une clientèle âgée, plus jeune ou bohème.

Les 5 plus beaux
PARCS ET JARDINS

---

296 **JARDIN BOTANIQUE TROPICAL**
Largo dos Jerónimos
Belém ②

Un vrai joyau que ce jardin de Belém créé au début des années 1900 afin d'exposer les merveilles botaniques présentes dans les anciennes colonies portugaises en Afrique et en Asie. Plus de 4 000 espèces poussent ici, avec une attention particulière pour celles de Macao. Un havre de paix dans la ville, idéal pour une promenade nonchalante au vert.

297 **JARDIN BOTANIQUE DE LISBONNE**
Rua da Escola Politécnica 54
Príncipe Real ⑤
+351 21 392 1800
www.museus.ulisboa.pt/jardim-botanico

Niché derrière le Musée d'histoire naturelle, ce remarquable jardin de quatre hectares reste souvent ignoré des passants autour du Príncipe Real. Bien que le temps où il était l'un des plus beaux d'Europe soit révolu depuis longtemps, il conserve toutefois une aura envoûtante.

296 JARDIN BOTANIQUE TROPICAL

298 JARDIN BOTANIQUE DA AJUDA

Calçada da Ajuda
Belém ②
+351 21 362 2503
*www.jardimbotanico
dajuda.com*

Construit en 1768 comme annexe au palais royal d'Ajuda adjacent, ce jardin superbement entretenu fut en fait le premier jardin botanique de la ville. On retiendra surtout les parterres à la française, les essences d'arbres exotiques (la plupart proviennent d'anciennes colonies portugaises) et une délicate fontaine rococo.

299 JARDIN GULBENKIAN

Av. de Berna 45A
Avenidas Novas ⑧
+351 217 82 3000
*www.gulbenkian.pt/
Jardim*

Le plus bel exemple d'aménagement paysager moderniste de Lisbonne. Imaginé dans les années 60 par Gonçalo Ribeiro Telles, éminent paysagiste portugais du XXe siècle, ce jardin occupe tout un pâté de maisons. De nombreux recoins cachés et micropaysages s'y trouvent, dans lesquels il fait bon échapper au bruit.

300 JARDIN DE L'ESTRELA

Praça da Estrela
Estrela ③
+351 21 397 4818
*jardimdaestrela.
no.sapo.pt*

En face de la Basílica da Estrela, ce jardin offre une atmosphère paisible et agréable qui invite à se relaxer, faire du jogging ou prendre un pique-nique. On note aussi une grande aire de jeux pour enfants, quelques pavillons, un étang et un superbe kiosque à musique du XIXe siècle.

5
PLACETTES

---

301 **PRAÇA DAS AMOREIRAS**
Amoreiras ④

Cette placette conviviale a beau être au milieu de la ville, on se croirait presque dans un village rural, loin du trafic et du bruit urbain. Le jardin jalonné d'arbres qui occupe la place compte un sympathique kiosque et un musée d'art.

302 **LARGO DO CARMO**
Chiado ⑥

L'endroit le plus calme du Chiado, à l'abri des rues bourdonnantes de ce quartier élégant. Il compte quelques restaurants avec terrasses, un kiosque, un musée et une église. C'est aussi par là que l'on accède à l'ascenseur de Santa Justa ainsi qu'au panorama des terrasses du Carmo.

303 **LARGO DE SÃO PAULO**
Cais do Sodré ⑥

Cette placette à l'allure parisienne se situe dans la partie basse de la ville, au niveau du fleuve. Elle fut pendant longtemps un endroit mal famé où il ne faisait pas bon s'aventurer le soir. Les temps ont heureusement changé : la place et ses rues adjacentes sont aujourd'hui au cœur de la vie nocturne lisboète.

304 LARGO DE SÃO MIGUEL
Largo de São Miguel
Alfama ⑦

Sur cette placette étroite se dresse l'imposante église São Miguel. Sur ses marches, on vient s'asseoir les soirs d'été un verre à la main, pour profiter de la vue. Vous y trouverez aussi beaucoup de restos de tradition fadiste, qui diffusent au quotidien une bande-son entraînante pour les résidents comme pour les visiteurs.

305 LARGO DA PARADA
Rua 4 de Infantaria
Campo de Ourique ③

La Largo da Parada se situe dans une partie décontractée de la ville, dans un quartier apprécié de ses habitants pour ses bonnes adresses shopping et sa dimension familiale. Un bel endroit pour observer le quotidien de ses résidents.

303 LARGO DE SÃO PAULO

Les 5 lieux
LES PLUS PAISIBLES

---

306 **TAPADA DAS NECESSIDADES**
Largo Necessidades 58
Lapa ③

Un véritable jardin secret que celui du ministère des Affaires étrangères. Ouvert aux visiteurs mais souvent désert, même le week-end. C'est un parc enchanteur où s'évader et profiter de la nature, en étant étendu sur les larges pelouses ou assis à l'ombre des arbres exotiques.

307 **TAPADA DA AJUDA**
Tapada da Ajuda
Ajuda ①
+351 21 365 3100

Cette grande propriété appartenant à l'État fait partie de l'Institut d'agronomie. Ses terres servent d'exercice aux étudiants, qui y plantent plusieurs variétés de semis. Elle possède quelques points de vue inattendus d'où l'on peut admirer le fleuve sans touristes aux alentours.

308 **PARC DE MONSANTO**
Monsanto ①

Cette gigantesque forêt urbaine joue le rôle de poumon de la ville. Un lieu où les locaux aiment profiter de l'air pur et marcher ou courir sur les sentiers jalonnés de pins. On dénombre aussi plusieurs aires de loisirs et de sport dont un club de tennis, des terrains de football et de rugby, des aires de jeux pour enfants et des tables de pique-nique.

309 **JARDIN DO TOREL**
Rua Julio de Andrade
Av. da Liberdade ④

Niché tout en haut de l'Avenida da Liberdade (on y accède en empruntant le funiculaire de Lavra) et surplombant la partie ouest de la ville, le jardin de Torel reste un trésor caché des Lisboètes. Il compte un sympathique café-terrasse, et la municipalité y installe en août une grande piscine que l'on appelle ici « la plage de Torel ».

310 **MUSÉE DU THÉÂTRE ET DU COSTUME**
Largo Júlio Castilho
Lumiar ⑧
+351 21 756 7620
www.museudotraje.pt

Ce duo de musées inattendu se partage un petit jardin botanique caché datant des années 1800. Ses visiteurs ne se lassent pas de son atmosphère paisible et de ses nombreuses espèces botaniques intéressantes. Un peu loin du centre, mais le jeu en vaut la chandelle : qui dirait non à un jardin pour (presque) lui tout seul ?

306 **TAPADA DAS NECESSIDADES**

5
CIMETIÈRES ÉTONNANTS

311 **CIMETIÈRE DES ANIMAUX**
Zoo de Lisbonne
Sete Rios ④

Ce cimetière pour animaux, datant des années 40, se trouve sur une terrasse à flanc de coteau du zoo de Lisbonne. Bien que l'on n'y pratique plus de nouvelles inhumations, il est fascinant de voir les tombes que certains maîtres ont érigées pour leurs compagnons à quatre pattes. Quelques-unes sont en marbre ; d'autres, décorées de faïence traditionnelle portugaise.

312 **CIMETIÈRE DES PRAZERES**
Praça São João Bosco
Campo de Ourique ③

Dans le Campo de Ourique, en face du premier/dernier arrêt du tram 28, le cimetière de Prazeres accueillit au début du XIXe siècle les nombreuses victimes d'une épidémie de choléra. Il devint plus tard le lieu de prédilection pour les inhumations au sein des familles lisboètes les plus aisées, qui y construisirent des tombes et mausolées richement ornés.

313 CIMETIÈRE DO ALTO DE SÃO JOÃO
Parada Alto de São João
Alto de São João ⑨

Construit au début du IXe siècle pour les défunts de l'est de Lisbonne, ce cimetière occupe un large terrain surplombant le quartier Madredeus. Ses nombreux sentiers sont jalonnés de riches mausolées témoignant de la fortune de ses résidents. C'est également ici qu'est inhumé José Saramago, lauréat portugais du prix Nobel.

314 CIMETIÈRE DES ANGLAIS
Avenida de Álvares Cabral
Estrela ③

Un traité conclu entre Lord Cromwell et le roi Jean IV, signé en 1654, stipule que les ressortissants anglais vivant au Portugal doivent bénéficier d'un terrain « approprié pour l'inhumation de leurs défunts ». L'Inquisition anti-anglicane s'y opposa, raison pour laquelle le cimetière Saint-George ne fut construit qu'en 1717.

315 CIMETIÈRE ALLEMAND
Rua do Patrocínio 59
Campo de Ourique ③

Les premiers témoignages de ressortissants allemands inhumés à Lisbonne remontent à 1147, lorsque des chevaliers teutons combattant pendant le siège de la ville périrent durant la deuxième croisade. En 1821, un riche homme d'affaires allemand légua un terrain à la communauté germanique du quartier du Campo de Ourique. Ouvert aux visites uniquement sur rendez-vous.

MUSÉE DES AZULEJOS

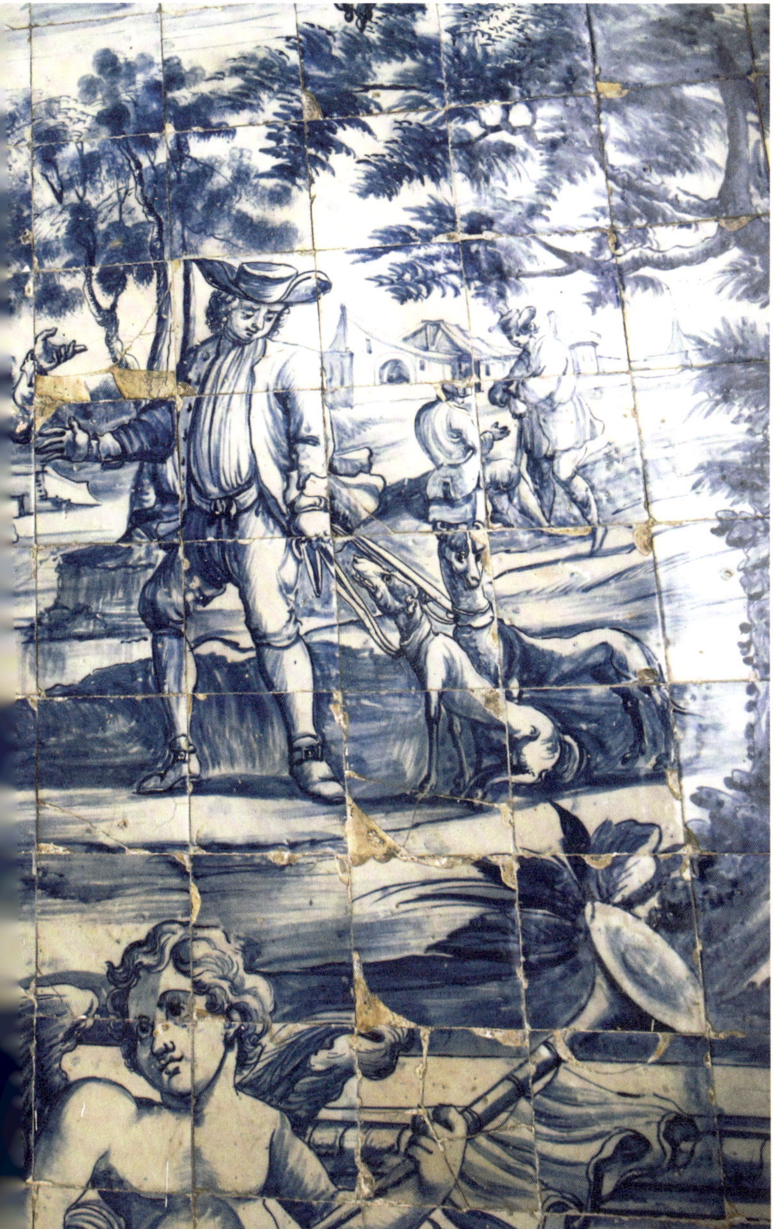

75 LIEUX OÙ SE CULTIVER

Les 5 meilleurs **PETITS MUSÉES** ————————168

Les 5 meilleurs **MUSÉES D'ART MODERNE ET CONTEMPORAIN** ————————170

5 **LIEUX CULTURELS** *exaltants* ————————173

Les 5 plus belles **GALERIES D'ART** ————————175

Les 5 **STATUES** *les plus intrigantes* ————————177

5 **TABLEAUX D'EXCEPTION DU MUSÉE D'ART ANCIEN** ————————179

5 **ARTISTES CONTEMPORAINS** *notables à Lisbonne* ————————181

5 *lieux où admirer des* **AZULEJOS** ————————183

5 *témoignages de* **L'HÉRITAGE JUIF** ————————185

Les 5 plus jolis **TROTTOIRS EN MOSAÏQUE** —187

5 lieux où découvrir **FERNANDO PESSOA** —190

Les 5 meilleurs repères de **MUSIQUE LIVE** —192

Les 5 plus beaux **FILMS** tournés à Lisbonne —194

5 **EXPÉRIENCES DE FADO** inoubliables —196

Les 5 **CLUBS PRIVÉS** les plus exclusifs —198

Les 5 meilleurs
PETITS MUSÉES

---

316 **MUSÉE DE GÉOLOGIE**
Rua da Academia das Ciências 19 – 2º
Príncipe Real ⑤
+351 21 346 3915
www.lneg.pt/museugeologico

Un musée caché dans une rue tranquille du Príncipe Real, qui renferme une collection exceptionnelle de fossiles et de roches stratifiées, dont un nombre important de minerais portugais et étrangers. Son utilisation de mobilier de précédentes expositions en fait également un « musée du musée » qui vous fascinera bien au-delà de ses collections.

317 **MUSÉE BORDALO PINHEIRO**
Campo Grande 382
Avenidas Novas ⑧
+351 21 817 0667
www.museubordalopinheiro.cm-lisboa.pt

Bordalo Pinheiro fut l'une des personnalités les plus remarquables de la scène culturelle portugaise des années 1900. Actif dans de nombreuses disciplines artistiques, des arts plastiques aux arts graphiques, en passant par la décoration et la céramique. C'est d'ailleurs cette dernière qui lui a valu le plus de succès. Un large éventail de ses œuvres est exposé dans ce musée.

318 MUSÉE FONDATION MEDEIROS E ALMEIDA

Rua Rosa Araújo 41
Av. da Liberdade ④
+351 21 354 7892
*www.casa-museu
medeirosealmeida.pt*

L'ancienne et magnifique résidence d'António de Medeiros e Almeida (un riche homme d'affaires) accueille à présent la précieuse collection de tableaux, de porcelaine chinoise, d'horloges anciennes et de meubles français de son propriétaire. Parmi ces nombreuses pièces inestimables, on compte plusieurs toiles de Rembrandt, Rubens et Tiépolo.

319 MUSÉE D'ETHNOLOGIE

Avenida Ilha da Madeira
Belém ②
+351 21 304 1160
*www.mnetnologia.
wordpress.com*

Le Musée national d'ethnologie renferme les collections du pays en matière d'art tribal africain, asiatique et sud-américain constituées pendant les siècles de colonisation portugaise sur ces continents. Le musée expose également des artéfacts témoins de la culture et du mode de vie des campagnes portugaises.

320 MUSÉE D'HISTOIRE NATURELLE

Rua da Escola Politécnica 56-58
Príncipe Real ⑤
+351 21 392 1800
www.museus.ulisboa.pt

Institution culturelle la plus éminente dédiée à l'étude de la nature, ce Musée national d'histoire naturelle regorge de riches collections, rassemblées depuis plus de trois cents ans et englobant les domaines géologique, anthropologique et botanique. Le complexe du musée inclut aussi le Jardin botanique de la ville.

Les 5 meilleurs MUSÉES D'ART MODERNE ET CONTEMPORAIN

---

321 MUSÉE NATIONAL D'ART CONTEMPORAIN DU CHIADO
Rua Serpa Pinto 4
Chiado ⑥
+351 21 343 2148
www.museu artecontemporanea.pt

Ce musée retiré du Chiado compte une collection très représentative d'art moderne et contemporain portugais s'étalant de la fin des années 1800 jusqu'à aujourd'hui. On y admire les œuvres majeures d'artistes comme Amadeo de Souza-Cardoso, Columbano Bordalo Pinheiro, Almada Negreiros, Silva Porto, Mário Cesariny et Paula Rego.

322 CENTRE D'ART MODERNE
Rua Dr. Nicolau de Bettencourt
Avenidas Novas ⑧
+351 21 782 3474
www.cam. gulbenkian.pt

Partie intégrante de l'incroyable Fondation Calouste Gulbenkian, ce centre d'art moderne présente une collection permanente d'art portugais et international, dont notamment les œuvres de Lourdes Castro, Amadeo de Souza-Cardoso, Paula Rego et David Hockney. Les jardins autour du musée forment une vraie oasis de paix au sein de la ville.

323 **MUSÉE BERARDO**

323 **MUSÉE BERARDO**
Praça do Império
Belém ②
+351 21 361 2878
www.museuberardo.pt

Au fil des ans, Joe Berardo, homme d'affaires controversé, s'est constitué une impressionnante collection d'art moderne et contemporain, et l'a entreposée au Centre culturel de Belém. Le Museu Berardo fait partie du CCB, puisqu'il est installé à l'intérieur de ses bâtiments. On peut y admirer les œuvres de Joana Vasconcelos, Miró, Warhol, Picasso, Schnabel et Basquiat. Expositions régulières et temporaires remarquables y sont organisées.

324 **MUSÉE VIEIRA DA SILVA/ARPAD SZENES**
Praça das
Amoreiras 56
Amoreiras ④
+351 21 388 0044
www.fasvs.pt

Une ancienne soierie royale dans le joli jardin d'Amoreiras accueille à présent un musée convivial dédié à la plus grande artiste portugaise du XXe siècle, Vieira da Silva, et à son mari Arpad Szenes. Le musée organise aussi différentes expositions temporaires et initiatives culturelles intéressantes.

325 **MUSÉE JÚLIO POMAR**
Rua do Vale 7
Príncipe Real ⑤
+351 21 588 0793
www.ateliermuseu
juliopomar.pt

Ce petit musée pratiquement inconnu se consacre entièrement à la préservation et à la promotion de l'œuvre de Júlio Pomar, l'un des artistes portugais les plus importants du XXe siècle. Installé dans un ancien entrepôt réaménagé par l'architecte Siza Vieira, il renferme une série assez impressionnante d'œuvres de cet artiste.

5
LIEUX CULTURELS
exaltants

---

326 **CCB**
Praça do Império
Belém ②
+351 21 361 2400
www.ccb.pt

Cet important centre multidisciplinaire accueille plusieurs lieux culturels, dont la plus grande salle de concert de Lisbonne, un musée d'art contemporain, un centre de conférences, un café, un restaurant, ainsi qu'une série de galeries et boutiques d'art. Plusieurs représentations théâtrales de classe mondiale, des ballets et des concerts en foulent régulièrement la scène.

327 **THÉÂTRE NATIONAL DONA MARIA II**
Praça Dom Pedro IV
Baixa ⑥
+351 21 325 0800
www.teatro-dmaria.pt

L'imposante façade néoclassique du Théâtre national Dona Maria II se dresse sur la place Rossio, au cœur même de la ville. À l'intérieur de ce somptueux édifice, on découvre deux salles de théâtre, où se produisent la Compagnie nationale de Théâtre et la plupart des pièces classiques portugaises ou étrangères

328 THÉÂTRE NATIONAL DE SÃO CARLOS

Rua Serpa Pinto 9
Chiado ⑥
+351 21 325 3000
www.tnsc.pt

Le Théâtre national São Carlos fut érigé après le séisme de 1755 qui détruisit l'ancien opéra, à l'époque le plus grand d'Europe. Le nouveau bâtiment fut conçu en s'inspirant de l'extérieur de la Scala de Milan et de l'intérieur du San Carlo à Naples, et accueille la Compagnie nationale d'Opéra. Pendant les mois d'été, un splendide festival en plein air, le Festival ao Largo, s'y tient.

329 FONDATION GULBENKIAN

Av. de Berna 45A
Avenidas Novas ⑧
+351 21 782 3000
www.gulbenkian.pt

Calouste Gulbenkian, l'un des hommes les plus riches de son temps, légua à sa mort l'entièreté de sa collection d'art et de sa fortune à sa fondation éponyme. Elle devint ensuite l'institution culturelle privée emblématique du pays. La Fondation Gulbenkian compte un musée de renommée mondiale, un auditorium et même son propre orchestre.

330 THÉÂTRE SÃO LUIZ

Rua António Maria Cardoso 38
Chiado ⑥
+351 21 325 7640
www.teatrosaoluiz.pt

Presque en face du Théâtre São Carlos se trouve cet autre théâtre, géré par la municipalité. Au programme, des pièces d'auteurs pour la plupart portugais, avec une attention particulière pour le travail de troupes de théâtre plus alternatives et de jeunes artistes en devenir.

Les 5 plus belles
GALERIES D'ART

---

331 **CRISTINA GUERRA**
Rua Santo António à Estrela 33
Estrela ③
+351 21 395 9559
www.cristina guerra.com

Ouverte en 2001 et tenue par Cristina Guerra, l'une des galeristes d'art les plus internationales du Portugal, cette galerie met en valeur plusieurs figures majeures de l'art contemporain portugais (João Louro, Julião Sarmento) ainsi que certains noms étrangers prisés comme John Baldessari et Erwin Wurm.

332 **FILOMENA SOARES**
R. da Manutenção 80
Beato ⑨
+351 21 862 4122
www.gfilomena soares.com

Habituée des meilleures foires artistiques du monde, la Galeria Filomena Soares se consacre uniquement à l'art contemporain, exposant ainsi régulièrement les œuvres des célèbres artistes portugais et internationaux qu'elle représente. La galerie se situe dans le quartier prometteur de Beato.

333 **BAGINSKI**
Rua Capitão Leitão 51 53
Beato ⑨
+351 21 397 0719
www.baginski.com.pt

La galerie d'Andréa Baginski Champallmaud représente tous les genres de techniques artistiques contemporaines. Dans un ancien entrepôt du Beato, Andréa expose les œuvres d'artistes déjà établis ou émergents, en mettant l'accent sur l'Europe, l'Afrique et l'Amérique latine.

334 **VERA CORTÊS**
Av. 24 de Julho 54
Santos ③
www.veracortes.com

L'agence artistique Vera Cortês est installée au premier étage fraîchement rénové d'un appartement de la fin des années 1900 du Santos, « quartier du design ». Elle représente des artistes contemporains comme Alexandre Farto (connu aussi sous le nom de Vhils), Daniel Blaufuks et Gabriela Albergaria. Dotée d'un vaste palmarès au Portugal, Vera Cortês prône une approche plus complète que la plupart des galeries.

335 **JOÃO ESTEVES DE OLIVEIRA**
Rua Ivens 38
Chiado ⑥
+351 21 325 9940
www.jeogaleria.com

Voici à nouveau un collectionneur d'art avisé devenu galeriste. João Esteves de Oliveira, ancien banquier, a ouvert en 2002 cette galerie du Chiado en se consacrant uniquement aux œuvres sur support papier d'artistes portugais modernes et contemporains. Inutile de le dire, une galerie plutôt unique.

Les 5 **STATUES**
les plus intrigantes

---

336 **MARQUIS DE POMBAL**
Praça do Marquês de Pombal
Av. da Liberdade ④

Cette statue marque l'hommage rendu par Lisbonne à l'ingénieux et intraitable marquis de Pombal, qui fut Premier ministre au temps du séisme de 1755 et qui dirigea le renouveau urbain qui s'ensuivit. Il se dresse à 40 mètres de haut sur un socle en pierre, un lion à ses côtés.

337 **D. PEDRO IV**
Praça do Rossio
Baixa ⑥

Cette imposante statue en bronze du roi Pierre Ier de 27,5 mètres de haut domine la place de Rossio. Pierre, 28e roi du Portugal, fut aussi le premier empereur du Brésil, ce qui en a fait une figure unique de l'histoire portugaise.

338 **MATERNIDADE**
Jardim Amália Rodrigues
Parque Eduardo VII ④

La plupart des locaux ignorent que Lisbonne compte une statue réalisée par l'éminent artiste colombien Fernando Botero. Cette œuvre publique de grande importance représentant la maternité, imaginée en 1989, se trouve dans le jardin Amália Rodrigues, au cœur du parc Eduardo VII. Un travail du bronze qui reflète le style artistique emblématique de Botero.

339 **LISBOA**
   Praça 25 de Abril
   Beato ⑨

On doit *Lisboa* à José de Guimarães, acteur notable de l'art contemporain portugais. En rouge et vert, couleurs du drapeau portugais, cette ode aux bâtisseurs de cités montre une figure féminine se penchant vers le fleuve, les bras grand ouverts.

340 **D. JOSÉ I**
   Praça do Comércio
   Baixa ⑥

La place Terreiro do Paço comporte en son centre une statue équestre du roi Joseph Ier monarque à l'époque du séisme de 1755. La statue de bronze fut exécutée par le sculpteur Machado de Castro, qui se vit contraint, pour la réaliser, de se baser uniquement sur des portraits, le roi refusant de prendre la pose.

340 **D. JOSÉ I**

5
TABLEAUX *d'exception du* MUSÉE D'ART ANCIEN

MUSÉE NATIONAL D'ART ANCIEN
Rua das Janelas Verdes
Alcântara ①
+351 21 391 2800
www.museudearteantiga.pt

341 **LA TENTATION DE SAINT ANTOINE**

Ce triptyque de Jérôme Bosch garde le même thème que (presque) toutes les autres œuvres de l'artiste : la tentation et la solitude de l'homme juste confronté au Mal et au diabolique. Ces forces dominant le monde terrestre sont représentées soit explicitement, sous la forme du monstrueux et de l'hybride, ou sous couvert d'une beauté fausse et provocante.

342 **PANNEAUX DE SAINT VINCENT**

Une œuvre hautement symbolique dans la culture portugaise. Ces toiles présentent un groupe de 58 personnes (symbolisant la Cour et d'autres cercles de la société portugaise de l'époque) réunies dans un acte de vénération de saint Vincent, patron de l'expansion militaire qui eut lieu au Maghreb au XVe siècle.

343 **SAINT JÉRÔME**

Cette représentation de saint Jérôme par Dürer fait montre d'une innovation dans l'iconographie et l'interprétation visuelle du saint patron des humanistes chrétiens. Le « docteur de l'Église » est dépeint à travers l'image factice et évocatrice du vieux sage, méditant mélancoliquement sur la mort et la contingence de la condition humaine.

344 **SAINT AUGUSTIN**

Appartenant à un polyptyque de Piero della Francesca réalisé pour l'église de Borgo Sansepolcro, ce tableau crie presque le génie du peintre à travers la monumentalité solennelle de la figure du saint (élément caractéristique du style de la Renaissance), l'extraordinaire simplicité de la construction de l'espace visuel et la vivacité de la représentation de certains détails.

345 **SAINT PIERRE**

Tableau central d'une série de douze formant ensemble un apostolat, c'est pourtant le seul à avoir été signé et daté. Cet ensemble de toiles était destiné au monastère des chanoines réguliers de São Vicente de Fora. Leur fonction était de proclamer l'unité du dogme, symbole du triomphe de l'Église à une époque où la Contre-Réforme battait encore son plein.

5 **ARTISTES CONTEMPORAINS**
notables à Lisbonne

---

346 **JOÃO LOURO**
www.joaolouro.com

Bien que João Louro ait étudié l'architecture et la peinture, son travail touche aussi à d'autres domaines aussi divers que la photographie, la sculpture et les installations vidéos. L'une de ses préoccupations concerne, selon l'artiste, « la réorganisation du monde visuel et la définition de la visualité ». Il assura en 2015 la représentation portugaise à la Biennale de Venise.

347 **JOANA VASCONCELOS**
www.joana vasconcelos.com

L'artiste portugaise la plus reconnue sur la scène internationale. Son travail se base sur l'appropriation, la décontextualisation et la subversion d'objets déjà existants et de réalités quotidiennes, principalement issues de la culture pop du pays. Joana a eu le privilège d'exposer à la Biennale de Venise et au château de Versailles

348 **PEDRO CABRITA REIS**

www.pedrocabritareis.com

Pedro Cabrita Reis fait également partie de ces quelques artistes contemporains portugais à la réputation internationale bien assurée. Ses œuvres multidisciplinaires (peinture, sculpture, photographie et installations) se caractérisent par un discours idiosyncratique, philosophique et poétique qui mêle objets industriels ou manufacturés et matériaux trouvés.

349 **JULIÃO SARMENTO**

www.juliasarmento.com

Cet artiste a développé un langage visuel multimédia combinant film, son, peinture, sculpture et installations. Ses œuvres se penchent sur différents sujets comme les relations interpersonnelles, la sensualité, le voyeurisme et la transgression.

350 **ALEXANDRE FARTO AKA VHILS**

www.alexandrefarto.com

Alexandre Farto est un artiste contemporain qui, sous le pseudonyme de Vhils, crée un art en interaction avec le paysage urbain. Sa reconnaissance internationale provient de la singularité et de la qualité de son travail, notamment de ses portraits énormes et théâtraux de personnes ordinaires transformées en icônes, taillés directement dans les murs de différents bâtiments.

5 lieux où admirer des
AZULEJOS

---

351 **MUSÉE DES AZULEJOS**
Rua da Madre de Deus 4
Beato ⑨
+351 21 810 0340
www.museudo azulejo.pt

Ce musée national dédié à ces carreaux de faïence décorés montre l'évolution de cette forme d'art très ancienne, depuis ses débuts en Égypte jusqu'à maintenant. Installé dans un superbe couvent du XVe siècle décoré d'*azulejos* justement, c'est un musée unique au monde.

352 **PALAIS FRONTEIRA**
Largo de São Domingos de Benfica 1
Avenidas Novas ⑧
+351 21 778 2023
www.fronteira-alorna.pt

Un palais privé exceptionnel, propriété encore aujourd'hui du marquis de Fronteira, célèbre pour ses intérieurs richement ornés, ses jardins à la française et, surtout, pour sa magnifique collection unique d'*azulejos* qui forment une série d'images dédiées aux rois portugais et à la mythologie gréco-romaine.

353 **COUVENT DES CARDAES**
Rua do Século 123
Príncipe Real ⑤
+351 21 342 7525
www.convento doscardaes.com

Ce couvent de religieuses, caché dans une rue tranquille du Príncipe Real, reste toujours en activité. Il renferme une série de précieux panneaux d'*azulejos* remontant à la fin du XVIIe siècle. À l'aide de blanc et de bleu uniquement, ces panneaux furent réalisés par l'artiste hollandais Jan van Oort. Ils racontent l'histoire de la sainte patronne du couvent, Thérèse d'Avila.

354 **FABRIQUE DE FAÏENCE VIÚVA LAMEGO**
Largo do Intendente Pina Manique 23
Saldanha ⑧
+351 21 346 5073
www.avida portuguesa.com

La fabrique Viúva Lamego, installation la plus importante de faïence décorée au Portugal depuis 1849, se spécialise dans la réalisation la plus délicate et artistique de ce matériau traditionnellement utilisé pour décorer des murs. Son ancien atelier-boutique de l'Intendente est en lui-même un joyau de cet art, affichant fièrement une façade recouverte de faïence magnifiquement colorée.

355 **CASA DO FERREIRA DAS TABULETAS**
Largo Rafael Bordallo Pinheiro
Chiado ⑥

Cet édifice emblématique du Chiado (l'un des coins photo les plus prisés de Lisbonne), construit en 1864, comporte une façade entièrement recouverte de carreaux décoratifs produits à la fabrique Viúva Lamego. On y voit des figures allégoriques représentant la Terre, le Sol, l'Eau, le Commerce, l'Industrie, la Science et l'Agriculture.

351 MUSÉE DES AZULEJOS

5 témoignages de
L'HÉRITAGE JUIF

---

356 LA SYNAGOGUE
Rua Alexandre
Herculano 59
Av. da Liberdade ④
+351 21 393 1130
www.cilisboa.org

La synagogue lisboète Shaaré Tikvah (Portes de l'Espoir) remonte à 1904. Ce fut la première synagogue construite au Portugal depuis la fin du XVe siècle, lorsque les Juifs furent chassés du pays. Elle fut dessinée par l'architecte Ventura Terra, dans un mélange de styles néo-byzantin et néo-romanesque.

357 RUA DA JUDIARIA
Alfama ⑦

La rue de la communauté juive de l'Alfama (Rua da Judiaria) nous rappelle que les Juifs s'étaient autrefois établis ici ; une histoire qui remonte jusqu'au XIIIe siècle. Une synagogue fut érigée en 1373, mais détruite sans laisser de traces visibles. Quelques maisons arborent toutefois l'étoile de David gravée sur leurs portes.

358 **CIMETIÈRE JUIF**
Rua Afonso III 44
Alto de São João ⑨

En 1868, par décret royal, le roi Louis accordait la permission à la communauté juive portugaise de bâtir un cimetière et d'inhumer convenablement ses défunts. Il s'agit toujours actuellement du lieu d'inhumation principal de cette communauté.

359 **PLACE DU PALAIS**
Terreiro Do Paço
Baixa ⑥

Au XVIe siècle, ce lieu fut le théâtre d'horribles cérémonies perpétrées à l'encontre des Juifs et menées par l'impitoyable Sainte Inquisition. Ces *autos-da-fé* (« actes de foi ») consistaient en rituels durant lesquels les prétendus « hérétiques » étaient forcés de se repentir. Le châtiment pouvait aller jusqu'à l'immolation.

360 **PLACE ROSSIO**
Largo de São Domingos
Baixa ⑥

La place Rossio concentrait autrefois le siège de la Sainte Inquisition, jusqu'à son abolition en 1821. Le Théâtre national Dona Maria II se trouve actuellement à cet emplacement. La place adjacente São Domingos fut elle aussi le témoin de beaucoup d'*autos-da-fé*, dont l'exécution par le feu de nombreuses victimes. Une période de l'histoire portugaise que l'on aimerait pouvoir oublier.

Les 5 plus jolis
TROTTOIRS EN MOSAÏQUE

---

361 **PADRÃO DOS DESCOBRIMENTOS**
Belém ②
www.padraodos descobrimentos.pt

De loin le trottoir le plus impressionnant de la ville. La gigantesque mosaïque du Padrão dos Descobrimentos représente une carte du monde contenue dans une énorme boussole montrant les routes empruntées par les explorateurs portugais. Il faut la regarder du haut de ce monument pour en saisir toute la beauté.

362 **AVENIDA DA LIBERDADE**
Av. da Liberdade ④

L'Avenida da Liberdade, principale artère lisboète, possède quelques-uns des trottoirs les plus notables de la ville, immenses et ornés de motifs floraux. Sur la partie haute de l'avenue, une étoile marque les armoiries de Lisbonne, représentant deux corbeaux sur une caravelle. Plus bas, à la place Restauradores, on peut admirer un motif imaginé par l'artiste Abel Manta.

1427
AÇORES

MADEIRA

C. BOJADO

C° VERDE

363 **PARQUE DAS NAÇÕES**
Parque das Nações ⑩
*www.portal
dasnacoes.pt*

La tradition des pavés lisboètes a encore de beaux jours devant elle ; en témoigne le quartier moderne du Parque das Nações. Cette zone fut développée pour l'Exposition universelle de 1998, dédiée aux Découvertes portugaises. Les motifs s'inspirent par conséquent des océans et représentent monstres, sirènes et autres éléments marins.

364 **AMÁLIA PAR VHILS**
Rua de São Tomé
Alfama ⑦

Les célèbres trottoirs portugais en pavés (*calçada à Portuguesa*) ont servi d'inspiration à cette œuvre réalisée dans l'Alfama par l'artiste de rue Vhils. Cet hommage à Amália Rodrigues, légendaire chanteuse de fado, voit le visage de cette dernière gravé sur un mur. L'image se prolonge ensuite sur le sol. À la fois traditionnelle et contemporaine, cette Amália est devenue emblématique de Lisbonne.

365 **PLACE ROSSIO**
Baixa ⑥

On raconte que c'est à Rossio, la place-charnière du centre-ville, qu'a émergé l'art de décorer les rues et les trottoirs avec des motifs en pavés. Son motif en vagues (le « Grand Océan ») remonte au milieu des années 1800 et a rencontré tant de succès qu'il fut même recréé à Rio de Janeiro, au Brésil, dont il est devenu une caractéristique emblématique.

5 lieux où découvrir
FERNANDO PESSOA

---

366 CASA FERNANDO PESSOA
Rua Coelho
da Rocha 16
Campo de Ourique ③
+351 21 391 3270
*casafernandopessoa.
cm-lisboa.pt*

Ce centre culturel municipal occupe la maison dans laquelle le fameux poète et écrivain a passé les dernières années de sa vie. La collection comprend certains effets personnels de l'auteur, toutes ses œuvres littéraires et documents secondaires. Des séminaires et lectures de poésie y sont régulièrement organisés.

367 LARGO DE SÃO CARLOS
Largo de São Carlos
Chiado ⑥

Pessoa vit le jour au quatrième étage d'un immeuble faisant face au Théâtre national São Carlos où son père, critique musical, travaillait souvent. En 2008, à l'occasion du 120ᵉ anniversaire du poète, la ville a dévoilé une nouvelle statue en bronze à son effigie à cet endroit.

368 LARGO DO CARMO
Largo do Carmo
Chiado ⑥

Après avoir passé une dizaine d'années de sa vie à Durban, en Afrique du Sud, Pessoa revint à Lisbonne, où il loua une chambre juste en face des ruines du couvent des Carmes. Une maison d'hôtes décorée sur le thème de Fernando Pessoa occupe actuellement l'appartement.

369 STATUE DO CHIADO
Largo do Chiado
Chiado ⑥

Fernando Pessoa avait l'habitude notoire de passer nombre de ses journées assis à la terrasse du Cafe A Brasileira, dans le Chiado. Pour se souvenir, une statue fut érigée à l'emplacement exact où il s'asseyait. On voit cette silhouette à taille réelle assise, les jambes croisées, à côté d'une table. Une chaise libre semble inviter les touristes à prendre la pose à ses côtés.

370 MARTINHO DA ARCADA
Praça do Comércio 3
Baixa ⑥
+351 21 887 9259
*www.martinho
daarcada.pt*

Pessoa affectionnait également ce café emblématique de Terreiro do Paço, le plus ancien de Lisbonne. On l'y voyait souvent, jusqu'à ses derniers jours, déguster un repas. Là aussi, il s'asseyait toujours à la même table sur laquelle il couchait sur papier ses pensées et poèmes.

370 MARTINHO DA ARCADA

Les 5 meilleurs repères de
MUSIQUE LIVE

---

371 POPULAR ALVALADE
Rua António
Patrício 11-B
Alvalade ⑧
+351 21 796 0216
*www.facebook.com/
PopularAlvalade*

L'un des secrets les mieux gardés de la ville, installé dans le quartier peu touristique d'Alvalade et tenu par un musicien. Popular accueille quotidiennement des concerts de groupes locaux dans des styles qui vont du rock au grunge. Un endroit accueillant, tamisé et chaleureux comme tout bon bar devrait l'être. Si vous vous y rendez, ne vous étonnez pas d'être le seul touriste.

372 HOT CLUBE DE PORTUGAL
Praça da Alegria 48
Av. da Liberdade ④
+351 21 361 9740
www.hcp.pt

Une institution de la scène musicale portugaise. Ouvert au milieu du XXe siècle, ce bar fait partie des plus vieux clubs de jazz au monde. En somme, une pointure locale et internationale où se sont produits Dexter Gordon et Quincy Jones, par exemple.

373 TEMPLÁRIOS BAR
Rua Flores do Lima 8
Avenidas Novas ⑧
+351 21 797 0177
www.templarios.pt

Le Templários fait partie de ces pépites qui sont trop souvent ignorées même par les Lisboètes pourtant bien informés. Il faut dire que peu de gens sortent dans cette partie résidentielle de la ville. Ouvert depuis 1991, ce bar des Avenidas Novas accueille quotidiennement des concerts live de groupes amateurs et « garage bands », ainsi que des humoristes de stand-up.

374 CASINO DE LISBONNE
Alameda dos Oceanos 45
Parque das Nações ⑩
+351 21 892 9000
www.casino-lisboa.pt

Nul besoin d'apprécier le jeu ou les paris pour se rendre au casino de Lisbonne. De très bons concerts live s'y donnent en effet tous les jours. On en profite depuis l'Arena Lounge, une zone où les visiteurs peuvent prendre place dans un bar-restaurant pivotant. L'endroit comporte aussi un amphithéâtre de 600 sièges où se tiennent régulièrement pièces de théâtre, spectacles de danse et concerts.

375 XAFARIX
Avenida Dom Carlos I 69
Santos ③
+351 21 395 1395

Appartenant aux membres du célèbre groupe Trovante, le Xafarix est un rendez-vous authentique et convivial de musique live, en activité depuis la fin des années 80. Ce bar tient son nom de son emplacement, à l'intérieur d'un ancien réservoir d'eau qui approvisionnait les résidents en eau fraîche (*chafariz*).

Les 5 plus
BEAUX FILMS
tournés à Lisbonne

---

376 **UN TRAIN DE NUIT POUR LISBONNE**

Ce film de Billie August raconte l'histoire de Raimund Gregorius, professeur suisse sauvant une femme du suicide. Dans le manteau de celle-ci, il découvre l'adresse d'une librairie. Là, il tombe sur un livre d'un auteur portugais renfermant un ticket de train pour Lisbonne. Obsédé par le livre, il décide de partir pour Lisbonne afin de rencontrer l'auteur.

377 **LISBON STORY**

Dans ce film de Wim Wenders, le personnage principal, réalisateur, arrive à Lisbonne et invite un ingénieur du son à enregistrer des sons pour un film sur la capitale portugaise. Celui-ci suit les pérégrinations de l'ingénieur dans la ville, enregistrant la sonorité de Lisbonne et les belles rencontres qu'il y fait.

378 LA MAISON AUX ESPRITS

Bien que *La Maison aux Esprits* ne soit pas vraiment consacré à Lisbonne, cette ville servit toutefois de décor à tous les plans urbains, remplaçant Santiago du Chili. La propriété familiale des Trueba, protagonistes de l'histoire, fut construite de toutes pièces dans le sud du Portugal. Difficile de dire que le pays n'a pas joué un grand rôle dans ce film.

379 AU SERVICE SECRET DE SA MAJESTÉ

Curieusement, ce film de James Bond de 1969 tourné au Portugal (et le seul avec George Lazenby dans la peau de ce personnage) ne fut pas projeté dans le pays avant la révolution de 1974, le régime dictatorial ne l'autorisant pas. On retiendra dans ce volet de la franchise le souvenir du mariage de l'agent 007 et de la mort de sa femme, Teresa.

380 MYSTÈRES DE LISBONNE

Pendant presque cinq heures, *Mystères de Lisbonne* relate l'histoire d'un orphelin, Pedro da Silva, en quête de sa véritable identité, à travers un tourbillon d'aventures et d'escapades, d'histoires d'amour et de crimes, sur fond de voyages autour du monde. À l'affiche, on retrouve Ricardo Pereira, Maria João Bastos et Helena Coelho en marquise de Santa Eulália.

5
EXPÉRIENCES DE FADO
inoubliables

---

381 **ALFAMA**
Alfama ⑦

Le fado, c'est un peu l'air et le souffle de l'Alfama ; comme si le quartier tout entier vivait au rythme lent de cette mélodie mélancolique si chère au Portugal. Elle en berce les résidents depuis leur plus tendre enfance, si bien qu'ils sont nombreux à devenir chanteurs, joueurs de guitare ou propriétaires de restaurants de fado.

382 **MUSÉE DU FADO**
Largo do Chafariz
de Dentro 1
Alfama ⑦
+351 21 882 3470
www.museudofado.pt

Comme on peut s'y attendre, le Musée du fado se trouve dans l'Alfama. Cette institution culturelle raconte l'histoire du fado et de l'environnement social dans lequel il s'est développé. Des enregistrements présentent les différentes nuances de ce genre musical, du fado de Lisbonne à celui de Coimbra, en passant par celui des rues ou plus aristocratique.

383 **FOURGONNETTE CIDADE DO FADO**
Rua do Carmo
Chiado ⑥

Grâce à António Cardoso, patron du Cidade do Fado, l'atmosphère de la Rua do Carmo (Chiado) se remplit toujours des sons délicats de guitares portugaises et de voix suaves. Depuis les années 90, la fourgonnette de cet expert du fado n'a jamais quitté la rue et sert de rendez-vous sympathique aux touristes en quête d'un disque à ramener.

384 **MUSÉE AMÁLIA RODRIGUES**
Rua São Bento 193
Príncipe Real ⑤
+351 21 397 1896
*www.amalia
rodrigues.pt*

Amália Rodrigues fut au fado ce que les Beatles furent à la musique pop. Cette diva dotée d'une grande beauté et d'un fort caractère, connue internationalement, fut une icône de son vivant et une déesse après sa mort. Sa contribution à la culture portugaise fut si poignante qu'elle lui valut d'être inhumée au Panthéon national. Sa maison abrite à présent un petit musée où sont exposés ses effets personnels.

385 **BAIRRO ALTO**
Bairro Alto ⑤

En matière de fado, le quartier du Bairro Alto fait concurrence à l'Alfama. Même s'il ne fait aucun doute que c'est bien dans l'Alfama que tout a commencé, le Bairro Alto compte, lui, un plus grand nombre de restaurants consacrés à cette musique. Peut-être moins authentiques, ils offrent tout de même une bonne alternative à ceux qui désirent profiter de l'expérience tout en écoutant d'autres styles par la suite.

5
CLUBS PRIVÉS
les plus exclusifs

---

386 **TURF**
Rua Garrett 74
Chiado ⑥
+351 21 346 0975
www.turf-club.org

Dans le Chiado, le Turf, « Société pour l'amélioration des races de cheval », se flatte d'être le club privé masculin le plus exclusif de Lisbonne. Avec le Real Tauromáquico, ils forment les deux clubs aristocratiques de la ville. Celui-ci se targue en effet presque davantage des lignées de ses membres que de ses chevaux. Pas d'équidés à l'horizon, d'ailleurs.

387 **SOCIEDADE DE GEOGRAFIA**
Rua das Portas de Santo Antão 100
Av. da Liberdade ④
+351 21 342 5401
www.socgeografia lisboa.pt

Établie en 1875 dans un superbe immeuble près de l'Avenida da Liberdade, la Société géographique de Lisbonne se destinait à « la promotion et le soutien de l'étude et du progrès en matière de géographie et sciences apparentées ». C'est ici que les explorateurs du continent africain venaient présenter leurs découvertes. Aujourd'hui, la société conserve encore une certaine empreinte culturelle.

388 GRÉMIO LITERÁRIO

Rua Ivens 37
Chiado ⑥
+351 21 347 5666
www.gremioliterario.pt

Fondé sous le patronage de la reine Marie II, ce club s'est toujours révélé plus tolérant socialement que ses voisins du Chiado, Turf et Tauromáquico, accueillant des intellectuels d'origine aristocratique ou plus commune. Ce fut aussi à ses débuts un club de sport, bien qu'il se concentre à présent sur la littérature et la culture.

389 CLUB TAUROMÁQUICO

Rua Ivens 72 1°
Chiado ⑥
+351 21 346 0973

Le Club royal de Tauromachie fut créé par un groupe d'aristocrates passionnés de cette activité. Rivalisant avec le Turf en anachronismes et charme suranné, il reste fidèle à ses origines : un club privé exclusivement masculin, sur invitation uniquement. Il en sera vraisemblablement ainsi jusqu'à ce que le dernier dinosaure ambassadeur de ce mode de vie ne s'éteigne.

390 CÍRCULO EÇA DE QUEIROZ

Largo Rafael Bordalo Pinheiro 4
Chiado ⑥
+351 21 342 8758
*www.circuloeca
dequeiroz.com*

Ce cercle sociétal et intellectuel fut fondé en 1940 pour promouvoir la littérature et les arts à travers différentes conférences, expositions et concerts. Il a accueilli quelques personnalités comme T. S. Eliot et Graham Greene. Moins élitiste que d'autres clubs, et surtout plus intéressé par les accomplissements professionnels et sociétaux de ses membres que par leurs origines.

JARDIN DE L'ESTRELA

20 ACTIVITÉS POUR LES ENFANTS

5 endroits pour les JEUNES ENFANTS — 202

Les 5 meilleurs GLACIERS — 204

Les 5 boutiques pour enfants
LES PLUS MIGNONNES — 206

Les 5 AIRES DE JEUX les plus amusantes — 208

5 endroits pour les
JEUNES ENFANTS

---

391 **OCEANÁRIO**
Esplanada Dom Carlos I
Parque das Nações ⑩
+351 21 891 7000
www.oceanario.pt

L'un des aquariums les plus grands et impressionnants au monde, comptant pas moins de 25 000 créatures marines (sauf les requins) réunies dans un immense aquarium. Tous les habitats océaniques s'y retrouvent. Une expérience magique qui ravira petits et grands.

392 **ZOO**
Praça Marechal Humberto Delgado
Lumiar ⑧
+351 21 723 2900
www.zoo.pt

Le zoo de Lisbonne, datant de 1905, a connu quelques rénovations significatives ces dernières années, pour être à présent au niveau des meilleurs zoos internationaux en dépit de sa relative petite taille. Un bel endroit pour les familles venues visiter Lisbonne, en particulier grâce à l'une de ses attractions, la baie des dauphins, où les vacanciers peuvent admirer des spectacles de dauphins et d'otaries.

393 **PLANÉTARIUM**
Praça do Império
Belém ②
+351 21 097 7350
planetario.marinha.pt

Le Planétarium de Lisbonne compte un théâtre construit spécialement pour reproduire le ciel étoilé, en vue d'offrir une expérience divertissante et éducative dédiée à l'astronomie. Son vaste écran en forme de dôme voit défiler des images du ciel projetées de manière ultra-réaliste à l'aide d'un grand panel de technologies.

394 **BORBOLETÁRIO**
Rua da Escola
Politécnica 56-58
Príncipe Real ⑤
+351 21 392 1800
www.museus.ulisboa.pt/borboletario

À l'intérieur du Jardin botanique du Príncipe Real, vous trouverez la première pouponnière à papillons ouverte au public sur la péninsule ibérique. Dans cette serre climatisée, les visiteurs observent les différents stades de vie de ces insectes. Parmi les résidents, on note la plus grande espèce européenne, le Grand paon de nuit, mais aussi le Machaon et le Monarque.

395 **KIDZANIA**
Dolce Vita Tejo
Shopping Center
Av. Cruzeiro Seixas 7
①
+351 21 154 5530
www.kidzania.pt

Un parc à thème destiné aux enfants entre 3 et 15 ans. Il recrée la ville à l'échelle d'un enfant, de façon à ce que ces petits bouts puissent jouer à la vie d'adulte et ses routines : boulot, divertissement, et même gestion imaginaire d'institutions publiques et administratives.

Les 5 meilleurs
GLACIERS

---

396 **PALETARIA**
Rua Luz Soriano 25
Bairro Alto ⑤
+351 91 935 9597
www.paletaria.com

Ces *paletas* (glaces à l'eau) fraîches, aux fruits glacés entièrement naturels, font la joie des afficionados. Composées de fruits frais et de rien d'autre, sans produits laitiers ni arômes artificiels, elles sont proposées en différents parfums comme fraise, kiwi, pêche, raisin, ananas et menthe. À se damner !

397 **ARTISANI**
Avenida Alvares Cabral 65B
Estrela ③
+351 21 397 6453
www.artisanigelado.com

La boutique phare de la chaîne de crèmes glacées Artisani, située près du Jardin de l'Estrela, propose des glaces faites maison dont les parfums plus traditionnels côtoient les créations plus audacieuses qui font la signature des « chefs glacés » de cette enseigne.

398 **NANNARELLA**
Rua Nova da Piedade 68
Príncipe Real ⑤
+351 92 687 8553

Cette minuscule échoppe de glace italienne artisanale à São Bento fait parler d'elle depuis son ouverture. Les patrons y servent eux-mêmes de délicieuses glaces à la romaine (à un prix très raisonnable), avec une spatule à la place de la cuillère et une couche de chantilly en option.

399 **SANTINI**
Rua do Carmo 9
Chiado ⑥
+351 21 346 8431
www.santini.pt

Après un succès de plus de cinquante ans dans leur boutique du Cascais, la troisième génération de cette enseigne de glaces à l'italienne a décidé de s'étendre. Cette adresse du Chiado, leur plus grande à Lisbonne, dispose à tout moment de l'année de plus de 20 parfums différents, onctueux et entièrement naturels.

400 **FRAGOLETTO**
Rua da Prata 61
Baixa ⑥
+351 21 347 9472

Une petite enseigne indépendante du Baixa qui rivalise en qualité avec les grandes pointures. Ses crèmes glacées à l'italienne sont confectionnées à l'aide de fruits frais de saison. Des alternatives (à base de soja) existent aussi pour les végétaliens ou les intolérants au lactose.

398 NANNARELLA

Les 5 boutiques pour enfants
LES PLUS MIGNONNES

---

401 **HÔPITAL DES POUPÉES**
Praça da Figueira 7
Baixa ⑥
+351 21 342 8574
www.hospital
debonecas.com

L'Hospital de Bonecas, en activité depuis le XIXᵉ siècle, est l'une des boutiques les plus spectaculaires de Lisbonne. Elle fut même sacrée « l'un des magasins de jouets les plus cools au monde » par le *Reader's Digest*. Bien qu'on y achète aussi des poupées neuves, cet hôpital dispose d'un atelier consacré à leur restauration.

402 **TERESA ALECRIM**
Amoreiras Shopping Center
Amoreiras ④
+351 21 383 3335
www.teresaalecrim.com

Une enseigne familiale, créée en 1981 par Teresa Carrusca. On y trouve des objets s'inspirant de la tradition séculaire du pays en matière de textiles de maison. Leur gamme pour bébés compte notamment des couvertures, sacoches, lits, jupes et bien d'autres articles précieux faits main.

403 **MINI BY LUNA**
Rua Dom Pedro V 56
Príncipe Real ⑤
+351 21 346 5161

Ce concept store multimarques propose des lignes pour femmes, enfants et pour la maison. Parmi ces étiquettes, des marques comme ba&sh, Leon & Harper, Bobo Choses et Babe & Tess. La boutique en elle-même se révèle charmante, avec un délicieux jardin privé à l'arrière d'où l'on profite d'une magnifique vue.

404 **PAPABUBBLE**
Rua da Conceição
117-119
Baixa ⑥
+351 21 342 7026
www.papabubble.com

Installée juste à côté de l'un des arrêts du tram 28 à Baixa, cette petite enseigne cache derrière sa façade colorée un océan de douceur. Ces artistes de la confiserie fabriquent ici à l'aide de recettes traditionnels des bonbons au caramel artisanaux sans additifs chimiques (mais pourtant extrêmement sucrés).

405 **CAMPO DE OURIQUE**
Campo de Ourique ③

Le quartier de Campo de Ourique ressemble à un centre commercial géant à ciel ouvert regorgeant de vêtements pour enfants. Un grand nombre de boutiques s'adressent à tous les budgets. Si vous êtes parents, voilà une idée shopping à ne pas manquer !

403 **MINI BY LUNA**

Les 5
AIRES DE JEUX
les plus amusantes

---

406 JARDIN DE L'ESTRELA
Praça da Estrela
Estrela ③
+351 21 397 4818

Le jardin le plus familial de Lisbonne, entouré par les élégants quartiers résidentiels de l'Estrela, Lapa et Campo de Ourique qui semblent compter plus d'enfants que partout ailleurs en ville. Voilà qui explique l'animation de cet endroit. Cette grande aire de jeux comporte des bancs permettant aux parents de regarder leurs bambins s'amuser.

407 PARC ALTO DA SERAFINA
Estrada da Serafina
①

Le parc pour enfants Alto da Serafina reste en son genre le plus grand de la ville. Situé au cœur des espaces verts du parc de Monsanto, il offre une grande variété d'activités : sports, aires de jeux, auto-école pour enfants, aire de pique-nique…

408 JARDIN DAS AMOREIRAS
Praça das Amoreiras
Amoreiras ④

L'aire de jeux du jardin das Amoreiras n'est pas très grande, à l'échelle de ce coin de nature intimiste, mais forme un bel endroit où se reposer pendant une visite de la ville. Les parents peuvent surveiller leurs enfants depuis un charmant petit kiosque qui propose aussi des boissons et repas légers à un bon rapport qualité-prix.

409 PARC DA QUINTA DAS CONCHAS
Avenida Eugénio de Andrade
Lumiar ⑧

Le Central Park du nord de Lisbonne, totalisant 24 hectares. Il compte une aire de jeux, un terrain multisports, une forêt aux sentiers de marche, un restaurant et un kiosque. Les enfants du quartier adorent les pelouses à perte de vue, parfaites pour s'amuser au grand air.

410 JARDIN DU PRÍNCIPE REAL
Praça do Príncipe Real
Príncipe Real ⑤

Le quartier du Príncipe Real n'attire pas seulement les adultes ; il dispose aussi d'activités destinées aux plus jeunes. Le jardin possède une jolie aire de jeux ombragée, où les parents en visite dans la ville peuvent laisser leurs enfants jouer et profiter d'un repos bien mérité (et probablement indispensable) après avoir parcouru les collines alentours en poussettes et écharpes porte-bébé.

406 JARDIN DE L'ESTRELA

PALACIO BELMONTE

25 ENDROITS OÙ SE LOGER

Les 5 HÔTELS LES PLUS CHICS —————— 212

5 petits hôtels CHARMANTS ——————— 214

5 gîtes « CHAMBRE AVEC VUE » ————— 216

5 HÉBERGEMENTS INHABITUELS ———— 218

Les 5 meilleures AUBERGES ——————— 220

Les 5
HÔTELS
LES PLUS CHICS

---

411 **RITZ**
Rua Rodrigo da
Fonseca 88
Parque Eduardo VII ④
+351 21 381 1400
www.fourseasons.com/
pt/lisbon

Construit dans les années 50 pour accueillir l'élite européenne, cet hôtel est au sommet en matière de luxe et de grandeur. Géré actuellement par la chaîne d'hôtels Four Seasons, le Ritz conserve pourtant le charme d'un hôtel particulier de famille. Sa décoration moderniste mêle éléments Art déco et œuvres d'art impressionnantes. Ne manquez pas d'admirer les tapisseries d'Almada Negreiros.

412 **PESTANA PALACE**
Rua Jau 54
Alcântara ①
+351 21 361 5600
www.pestana.com/pt/
hotel/pestana-palace

Le palais qu'occupe en partie cet hôtel fut érigé dans les années 1800 par l'homme le plus fortuné du pays, le marquis de Valle-Flôr. À présent classé monument national, il se situe dans le quartier résidentiel de Santo Amaro. Ses chambres sont entourées par un jardin luxuriant dont la piscine un peu en retrait offre un havre de paix au cœur de la ville.

413 **AVENIDA PALACE**
R. 1º de Dezembro 123
Av. da Liberdade ③
+351 21 321 8100
www.hotel
avenidapalace.pt

Cet hôtel traditionnel, figure emblématique de la ville, fut construit en 1892 à l'angle de deux des principales places de la ville, Rossio et des Restauradores, et fut pendant de longues années l'hôtel cinq étoiles par excellence de Lisbonne. À deux pas de la célèbre gare de Rossio, ce palace a conservé encore aujourd'hui tout son charme et son élégance Belle Époque.

414 **LAPA PALACE**
Rua do Pau de
Bandeira 4
Lapa ③
+351 21 394 9494
www.olissippo
hotels.com

Niché dans le quartier résidentiel paisible de Lapa et entouré d'ambassades de pays étrangers, ce grand hôtel abritait le palais des comtes de Valenças. Les 109 chambres richement décorées donnent sur un jardin exotique subtropical qui procure une vue magnifique sur les toits en tuiles de la vieille ville et sur le fleuve.

415 **VALVERDE**
Av. da Liberdade 164
Av. da Liberdade ④
+351 21 094 0300
www.valverdehotel.com

Cet hôtel cinq étoiles convivial, classique et élégant sur l'Avenida da Liberdade propose à ses clients exigeants 25 chambres superbement aménagées. L'atmosphère respire la discrétion : même la réception ne se voit pas en montant les marches depuis la rue. Il dispose d'un beau patio extérieur doté d'une piscine profonde et d'un restaurant avec terrasse.

5 petits hôtels
CHARMANTS

416 **HÔTEL DA ESTRELA**
Rua Saraiva de
Carvalho 35
Estrela ③
+351 21 190 0100
www.hotelda
estrela.com

Cet hôtel très particulier (membre des « Small Luxury Hotels of the World ») s'organise autour d'un thème particulier lui aussi, puisque sa décoration évoque une vieille école. Installé dans un palais reconverti (qui abritait autrefois une école) à la frontière entre le Campo de Ourique et l'Estrela, il offre une ambiance très paisible.

417 **BRITÂNIA**
Rua Rodrigues
Sampaio 17
Av. da Liberdade ④
+351 21 315 5016
www.hotel-britania.com

Le Britânia est installé dans un immeuble historique dessiné par Cassiano Branco, éminent architecte de son époque. Les éléments décoratifs Art déco de 1944 y sont toujours très présents, dégageant ainsi un charme suranné inégalé à Lisbonne. Service impeccable et personnalisé.

418 **JANELAS VERDES**
Rua das Janelas
Verdes 47
Lapa ③
+351 21 396 8143
www.asjanelas
verdes.com

Cet hôtel familial occupe un bâtiment des années 1800 où vécut le célèbre romancier Eça de Queiroz. Le jardin-terrasse et la bibliothèque au dernier étage bénéficient d'un point de vue surprenant sur le Tage.

419 **TEATRO B&B**
Rua da Trindade 36
Chiado ⑥
+351 21 347 2024
teatrobb.com

Au cœur du Chiado, à deux pas du Théâtre Trindade (qui a donné à cet hôtel son nom et son thème), ce petit hôtel compte 15 chambres décorées avec beaucoup de goût, que l'on décrirait comme une interprétation contemporaine d'une iconographie classique. Le bar (et salle du petit-déjeuner) aux grandes fenêtres donnant sur la rue se montre spacieux et lumineux.

420 **HÔTEL BAIRRO ALTO**
Praça Luís de
Camões 2
Chiado ⑥
+351 21 340 8288
www.bairroalto
hotel.com

Cet hôtel, membre des « Leading Hotels of the World », fut le premier en son genre à ouvrir ses portes à Lisbonne, donnant ainsi le ton aux autres hôtels-boutiques. Ses 55 chambres donnent sur la place animée de Camões, le passage vers le Bairro Alto ou sur le Tage. On adore sa terrasse, l'un des meilleurs endroits de la ville pour prendre un verre ou un repas léger.

416 **HÔTEL DA ESTRELA**

5 gîtes
« CHAMBRE AVEC VUE »

421 MEMMO ALFAMA
Tv. Merceeiras 27
Alfama ⑦
+351 21 049 5660
www.memmo
alfama.com

Vous ne remarquerez probablement pas cet hôtel en passant dans la rue qui relie la cathédrale au château, puisqu'il se cache dans une ruelle étroite. Vous serez en revanche émerveillé par la vue qu'il offre sur l'Alfama et le fleuve, peut-être la plus époustouflante des hôtels de la ville. Le personnel, toujours aux petits soins, dispense des conseils avisés sur ce quartier pittoresque.

422 HÔTEL DO CHIADO
Rua Nova do
Almada 114
Chiado ⑥
+351 21 325 6100
www.hoteldochiado.pt

Établi à côté de l'arcade commerçante du Chiado, cet hôtel fait partie des immeubles dessinés par l'architecte Álvaro Siza Vieira, et compte l'un des plus beaux points de vue de la ville, en particulier depuis les chambres du dernier étage surplombant le château. Elles comportent de jolies terrasses extérieures où les clients peuvent profiter d'un paysage de carte postale.

423 **PALÁCIO CAMÕES**

Largo do Calhariz 16A
Chiado ⑥
+351 93 666 6600
www.palacio
camoes.com

Ce monument national fait partie des édifices les plus emblématiques de Lisbonne. Autrefois résidence du marquis de Pombal et du président Sidónio Pais, ce palais adjacent au funiculaire de Bica et situé au centre du triangle doré de la ville (Chiado, Bairro Alto et Santa Catarina) abrite à présent 10 appartements offrant tous de superbes points de vue sur Lisbonne et le Tage.

424 **TOREL PALACE**

Rua Câmara
Pestana 23
Av. da Liberdade ④
+351 21 829 0810
www.torelpalace.com

Ce petit joyau de 10 suites seulement, à proximité du jardin de Torel, à l'extrémité la plus haute de l'Avenida da Liberdade, dévoile un style classique-contemporain dont le point d'orgue est certainement la piscine à débordement perchée au-dessus de la ville. Une oasis retirée dont l'atmosphère discrète vous séduira à coup sûr.

425 **HÔTEL BEAUTIQUE FIGUEIRA**

Praça da Figueira 16
Baixa ⑥
+351 21 049 2940
www.thebeautique
hotels.com

Occupant un immeuble reconverti des années 1800 au cœur du centre-ville, ce « beautique-hôtel » de 50 chambres, décoré par la designer primée Nina Andrade Silva, possède une perspective époustouflante sur les collines du château en contrebas. La place, logée entre Rossio et Martim Moniz, se montre vibrante et animée tous les jours de la semaine.

5
HÉBERGEMENTS INHABITUELS

426 **PALÁCIO BELMONTE**

Pátio de Dom Fradique 14
Castelo ⑦
+351 21 881 6600
www.palacio belmonte.com

Le Palácio Belmonte détonne sur la scène hôtelière lisboète et mérite une catégorie à lui seul ! C'est un lieu retiré, caché derrière un imposant portail par les murs du château, comptant 11 suites magnifiques toutes dotées de vues à couper le souffle sur la vieille ville. Ce palais du XVIe siècle fut rénové avec soin par son propriétaire français, Frédéric Coustols, et dispose d'un jardin douillet avec piscine.

427 **PALACETE CHAFARIZ D'EL REI**

Tv. do Chafariz del Rei 6
Alfama ⑦
+351 21 888 6150
www.chafarizdelrei.com

Voici un autre palais lisboète reconverti en hébergement de luxe qui a retrouvé sa grandeur passée au terme d'une profonde rénovation. L'architecture est de style néo-mauresque, très en vogue dans les années 1900. Six suites à la personnalité propre partagent toutes une ambiance charmante, discrète et luxueuse.

428 THE KEEP – SLEEP BOUTIQUE/ PENSAO NINHO DE AGUIAS

Costa do Castelo 74
Castelo ⑦
+351 21 885 4070
www.thekeep-lisbon.com

Difficile d'égaler la vue depuis ce petit hôtel de 16 chambres perché au-dessus de Lisbonne, juste en dessous des murs du château. Un hôtel sans en être un, qui ressemble plus à une résidence privée dont le propriétaire vous accueille personnellement et s'occupe de votre séjour. Le bâtiment, remontant à 1885, remplit sa fonction actuelle depuis la fin des années 50.

429 PALÁCIO RAMALHETE

Rua das Janelas Verdes 92
Lapa ③
+351 21 393 1380
www.palacio-ramalhete.com

On raconte que ce palais situé en face du Musée national d'art ancien servit de décor à l'un des plus célèbres romans portugais, *Les Maia*. Un hôtel exclusif de seulement 12 chambres et suites installées dans les logements du manoir. À l'arrière, un jardin convivial comporte une petite piscine.

430 THE LATE BIRDS

Travessa André Valente 21-21A
Bairro Alto ⑤
+351 93 300 0962
www.thelatebirdslisbon.com

Ce charmant hôtel gay-friendly se cache au cœur de l'un des quartiers les plus branchés de la ville, à la frontière du Bairro Alto et de Santa Catarina. Après avoir franchi l'entrée plutôt discrète, on trouve un bar lounge, une piscine idyllique et quatre étages offrant douze chambres superbement décorées.

Les 5 meilleures
AUBERGES

---

431 THE INDEPENDENT
Rua de São Pedro de Alcântara 83
Chiado ⑥
+351 21 346 1381
www.theindependente.pt

Cet hôtel relie deux manoirs anciens faisant face au point de vue le plus élevé de Lisbonne, le jardin São Pedro de Alcântara, à l'intersection du Chiado, du Bairro Alto et du Príncipe Real. Sans conteste, le meilleur emplacement de la ville. Vous y trouverez des chambres façon dortoir ainsi que quatre suites pour les voyageurs plus aisés.

432 HÔTEL LISBOA LOUNGE
Rua São Nicolau 41
Baixa ⑥
+351 21 346 2061
www.lisbonlounge
hostel.com

Lauréate du titre de la « meilleure auberge-boutique au monde » décerné par *The Times*, cette adresse dépasse toutes les attentes par rapport à ce type de logement. Une déco chic met en valeur la personnalité de l'immeuble dans lequel elle se trouve. Le salon de cette auberge est un concentré de bonheur.

433 HÔTEL LISB'ON
Rua do Ataíde 7A
Baixa ⑥
+351 21 346 7413
lisb-onhostel.com

Cette auberge de Santa Catarina (appartenant à un groupe hôtelier bien établi) compte parmi les meilleures au monde. Elle dispose de panoramas fabuleux, d'un cadre élégant, d'une terrasse avec vue sur le Tage et d'espaces communs où les voyageurs peuvent sympathiser autour d'un verre ou d'une partie de billard.

434 **HOME LISBON**
Rua São Nicolau 13
Baixa ⑥
+351 21 888 5312
www.homelisbon
hostel.com

En matière d'atmosphère rassurante et familiale, impossible de prendre cette auberge en défaut. Même les repas sont préparés par la maman du propriétaire. Occupant un bâtiment des années 1800, elle compte des chambres de belles dimensions aux balcons privatifs, une salle à manger et un salon douillets, et même un espace extérieur d'où l'on peut profiter du soleil.

435 **HÔTEL LISBON DESTINATION**
Largo do Duque de Cadaval 17
Baixa ⑥
+351 21 346 6457
destinationhostels.com

Cette auberge mémorable, à haute teneur en originalité, a posé ses valises à l'intérieur de la gare de Rossio, datant du XIXe siècle. Elle occupe en fait un espace rénové de la gare et propose des chambres en dortoir et un jardin d'hiver. Des DJ sets et soirées cinéma s'y tiennent régulièrement.

431 THE INDEPENDENT

GUINCHO

45 ACTIVITÉS POUR LE WEEK-END

Les 5 meilleurs **FESTIVALS D'ÉTÉ** —————— 224

5 **VISITES GUIDÉES** *captivantes* —————— 226

5 *quartiers pour* **FAIRE LA FÊTE LA NUIT TOMBÉE** —————————————————— 228

5 *endroits où* **FAIRE DE NOUVELLES RENCONTRES** ———————————————— 230

Les 5 meilleurs **LIEUX DE CONCERT** —————— 232

5 *jolies* **EXCURSIONS D'UNE JOURNÉE** —— 234

Les 5 plus belles **PLAGES DE LA RÉGION DE LISBONNE** ———————————————— 236

5 *jolis* **CINÉMAS ET PETITS THÉÂTRES** —— 238

5 *idées de* **JOGGING EN PLEIN AIR** ————— 240

Les 5 meilleurs
FESTIVALS D'ÉTÉ

---

436 NOS ALIVE
www.nosalive.com

Ce fantastique festival de musique, peut-être le plus important festival annuel portugais, rassemble sur trois jours pas moins de 100 000 personnes. La programmation voit défiler des groupes internationaux populaires, certains très célèbres. Parmi les participants aux précédentes éditions, on retrouve notamment Pearl Jam, Smashing Pumpkins, Metallica et les Black Eyed Peas.

437 OUT JAZZ
www.ncs.pt/outjazz.php

Plus qu'un festival de jazz, ce rendez-vous fête la musique en plein air. Organisé sur une période de cinq mois chaque samedi et dimanche entre mai et septembre dans de beaux endroits de Lisbonne comme des parcs, placettes et points de vue. La musique se compose principalement de jazz joué en live, mais quelques bons DJ locaux s'y produisent également. Entrée gratuite.

438 **EDP COOL JAZZ FEST**
www.edpcooljazz.com

Ce festival de haute volée se tient à Oeiras, un faubourg de Lisbonne au bord de l'eau, dans deux endroits différents : dans le jardin d'un splendide palais du XVIIIe siècle (pour les concerts plus intimistes) d'une part, et d'autre part dans un stade de football (pour les rassemblements plus importants). Un tantinet plus huppé que les autres festivals, il a tendance à attirer une foule plus mûre.

439 **FESTIVAL AO LARGO**
www.festivalaolargo.pt

Comme ce festival se traduit par « Festival sur la place », on ne s'étonnera pas de le retrouver… sur une place, plus précisément sur celle qui se trouve juste en face du Théâtre São Carlos, dans le Chiado, remplie à ras bord de mélomanes venus profiter des notes de musique classiques émises par les meilleurs orchestres symphoniques, chorales et chanteurs d'opéra du pays.

440 **CAIXA ALFAMA**
www.caixaalfama.pt

Ce festival pour le moins original compte pas moins de dix scènes éphémères différentes dans l'Alfama, qui accueillent les plus grands noms du fado ainsi que d'autres chanteurs amateurs moins connus (soit plus de 40 artistes au total).

5
VISITES GUIDÉES
captivantes

---

441 **TASTE OF LISBOA**
+351 91 560 1908
www.tasteoflisboa.com

Filipa Valente emmène personnellement ses invités à travers de superbes balades dans les quartiers les plus intéressants de Lisbonne, gastronomiquement parlant bien sûr. Ces visites, très informatives, vous emmèneront dans des endroits qu'il ne sera jamais imaginable de découvrir de sa propre initiative.

442 **TUK TUK LISBOA**
www.tuk-tuk-lisboa.pt

En vous promenant dans la plupart des quartiers touristiques de Lisbonne, vous apercevrez des dizaines de *tuk-tuks* véhiculant inlassablement des touristes. Ces curieuses machines sont le moyen idéal de visiter la ville, leurs chauffeurs se révélant courtois, amicaux et surtout bien documentés sur l'histoire et les traditions de la ville et de sa population locale.

443 GOCAR
Rua dos Douradores 16
Baixa ⑥
+351 21 096 5030
www.gocartours.com

Les GoCar, ce sont ces « voitures conteuses guidées par GPS » que l'on peut louer et conduire un peu partout en ville afin d'explorer ses coins moins touristiques. Elles peuvent aller dans des endroits souvent inaccessibles en véhicule traditionnel, et le système GPS veille à ce que vous ne soyez jamais perdu tout en prodiguant des détails sur les différents monuments et attractions.

444 SEGWAY TOURS
Campo das Cebolas 21
Sé ⑦
+351 91 300 8027
www.lisbonsegwaytours.pt

Une visite atypique à bord d'engins rigolos, menée par des guides tout aussi sympathiques. Dynamiques et très communicatifs, ils connaissent la ville comme leur poche. Bref, une balade amusante qui défiera vos aptitudes de conduite et vous procurera quelques sensations.

445 LISBON HELICOPTERS
+351 21 301 1794
www.lisbonhelicopters.com

Lisbonne compte parmi les plus belles villes au monde. Quel meilleur moyen d'en découvrir toute la splendeur que de l'admirer depuis les airs ? Il est possible d'embarquer à bord d'un hélicoptère qui vous fera voler au-dessus de la ville, le long du Tage, au-delà du pont du 25-Avril jusqu'à l'embouchure du fleuve, là où celui-ci se jette dans l'océan. Une expérience inoubliable.

5 quartiers pour faire la FÊTE LA NUIT TOMBÉE

---

446 **BAIRRO ALTO**
Bairro Alto ⑤

Le Bairro Alto occupe toujours une place de choix en matière de vie nocturne, puisqu'il possède la plus grande concentration de bars de la ville. Les rues de ce vieux quartier ne désemplissent jamais, notamment grâce aux jeunes sautant de bar en bar, bavardant nonchalamment autour d'un verre.

447 **CAIS DO SODRÉ**
Cais do Sodré ⑥

Ce quartier de la vieille ville, autrefois un peu miteux, s'est embourgeoisé en l'espace d'un an seulement pour devenir le lieu nocturne le plus vibrant et branché. De nouveaux bars et restaurants poussent d'ailleurs chaque mois. Point névralgique : la « Rue Rose » (Rua Cor de Rosa) qui rassemble la majorité des bars en vogue. Le Mercado da Ribeira, adjacent, constitue une bonne option pour dîner avant de faire la fête.

448 **PRÍNCIPE REAL**
Príncipe Real ⑤

Parmi les nombreuses facettes du Príncipe Real, voici son côté « vie nocturne », surtout en matière de restaurants. Les bars, eux, ont tendance à fermer plus tôt que ceux du Bairro Alto voisin. Les rues descendant vers la Praça das Flores comptent néanmoins quelques jolis endroits pour prendre un verre (plusieurs s'adressant à la communauté LGBT), appréciés généralement d'une clientèle plus mûre que ceux du Bairro Alto.

449 **ALCÂNTARA**
Alcântara ①

Le quartier de l'Alcântara attire les fêtards depuis les années 80. Une référence encore aujourd'hui pour les amateurs de danse. En matière de bars, les options sont plus limitées, mais l'ouverture du LX Factory a donné un coup d'accélérateur à ce coin, en en faisant un bon point de départ pour une nuit de fête.

450 **AVENIDA 24 DE JULHO**
Santos ③

Cette spacieuse artère qui longe le chemin de fer et le Tage compte sur chaque trottoir de nombreux bars et night-clubs, dont les célèbres Main, Kais, Urban Beach, Meninos do Rio ou B.Leza. Le choix est presque infini, quels que soient votre âge, mode de vie ou préférences musicales.

5 endroits où **FAIRE DE NOUVELLES RENCONTRES**

---

451 **RUA COR DE ROSA**
Rua Nova do Carvalho
Cais do Sodré ⑥

Si vous êtes désireux de faire de nouvelles rencontres, étrangers comme Lisboètes, cette « Rue Rose » est faite pour vous. Elle rassemble pas mal de bars branchés qui se remplissent à vue d'œil, jusqu'à ce que la foule s'attarde à l'extérieur sur la rue, en bavardant un verre à la main. Les nuits de week-end, la rue se retrouve bondée, mais l'ambiance reste toujours bon enfant, souriante et très sûre.

452 **PARK**
Bairro Alto ⑤

L'une des meilleures idées de ces dernières années : transformer le toit d'un parking en bar avec vue sur la vieille ville et le Tage. Une petite zone couverte côtoie une immense terrasse jonchée d'arbres en pot. On aime s'y asseoir à l'air libre pour profiter du paysage dans une atmosphère légère et rieuse.

453 **QUIOSQUE DO OLIVEIRA**
Praça do Príncipe Real
Príncipe Real ⑤

Ce minuscule kiosque à l'angle du jardin du Príncipe Real vaut vraiment le détour. Très apprécié des BCBG de l'endroit qui s'y pressent en fin d'après-midi autour d'un verre après le boulot ou avant de sortir dîner dans le quartier.

454 **CHAPITÔ**
Costa do Castelo 1
Castelo ⑦
+351 21 885 5550
www.chapito.org

Une institution culturelle captivante et très complète, consacrée aux arts du cirque. Le bar-restaurant de l'école attire locaux comme visiteurs étrangers. Ils y viennent pour le panorama époustouflant sur la ville, mais aussi pour ses activités culturelles d'avant-garde et pour ses repas et consommations à l'excellent rapport qualité-prix.

455 **MARCHÉ DA RIBEIRA**
Avenida 24 de Julho 50
Cais do Sodré ⑥

Le Mercado da Ribeira, au nouveau visage, constitue sans nul doute le lieu de rendez-vous principal de Lisbonne. Ouvert tous les jours de la semaine, ce marché offre un lieu de réconfort aux touristes en mal du pays. Ils y profitent d'un grand choix de menus et de boissons, et sympathisent avec d'autres visiteurs ou gens de l'endroit assis aux longues tables communes.

453 **QUIOSQUE DO OLIVEIRA**

Les 5 meilleurs
LIEUX DE CONCERT

---

456 **AULA MAGNA**
Almada da Universidade
Av. Prof. Gama Pinto 3
Avenidas Novas ⑧
+351 21 011 3406
www.aulamagna.pt

L'amphithéâtre de l'Université de Lisbonne ne voit pas défiler que des événements universitaires, mais aussi d'autres happenings de nature surtout musicale. Installé sur le campus ouvert de l'université, près de Campo Grande, il peut accueillir 1 653 spectateurs, ce qui en fait l'un des plus grands de la ville.

457 **GULBENKIAN**
Avenida de Berna 45A
Avenidas Novas ⑧
+351 21 782 3000
www.gulbenkian.pt

Le grande *auditório* de la Fondation Calouste Gulbenkian fut bâti en 1969 en vue d'accueillir les divers événements culturels de la Fondation. D'une capacité maximale de 1 228 places, cet amphithéâtre reçoit principalement des concerts d'orchestres symphoniques ou de chambre et des récitals en petit comité ; mais est aussi tout indiqué pour des pièces de théâtre, des spectacles de danse et pour des opéras.

458 CCB
Praça do Império
Belém ②
+351 21 361 2400
www.ccb.pt

La salle principale du Centre culturel de Belém, la plus grande de la ville, accueille régulièrement des pièces de théâtre, spectacles de danse et de musiques de renommée mondiale, offrant ainsi la meilleure programmation culturelle de la ville. On notera surtout les *Dias da Música* (Jours de la Musique) qui s'y tiennent chaque année au printemps et qui voient se produire plusieurs concerts de musique classique appréciés de tous.

459 MEO ARENA
Rossio dos Olivais
Parque das Nações ⑩
Lote 2.13.01 A
+351 21 891 8409
www.meoarena.pt

Dans le Parque das Nações, ce lieu au bord de l'eau accueille concerts et événements les plus importants. D'une capacité de pas moins de 15 000 spectateurs, il a vu défiler des artistes comme Madonna, Lady Gaga et Rihanna ainsi que plusieurs événements sportifs comme les Masters de tennis et même un sommet de l'OTAN !

460 LE COLISÉE DE LISBONNE
Rua das Portas de
Santo Antão 96
Av. da Liberdade ④
+351 21 324 0580
www.coliseulisboa.com

Le magnifique Coliseu dos Recreios fut construit à la fin des années 1800 pour accueillir de grands événements. Plus d'un siècle plus tard, il reste toujours bien vivant, puisque des spectacles de musique, de cirque et de théâtre, des galas de charité et rassemblements politiques y prennent toujours place. Sa capacité s'élève à 7 000 spectateurs.

5 jolies
EXCURSIONS D'UNE JOURNÉE

---

461 **MAFRA**

Un trajet de trente minutes (par autoroute) vous emmènera de Lisbonne à Mafra, où vous pourrez visiter le magnifique Palais royal de 900 pièces, son couvent et ses terres de chasse, construits en 1717 par le roi Jean V pour commémorer la naissance de sa fille.

462 **SINTRA**

Ce village au sommet d'une colline, inscrit au patrimoine mondial de l'UNESCO, foisonne de palais de contes de fées, châteaux, jardins luxuriants et points de vue époustouflants. Parmi les sites phares, on retient les palais de Pena, Monserrate, Vila et Regaleira. C'est aussi un lieu mystique où, selon la légende, les Celtes vénéraient la Lune.

463 **CASCAIS**

La promenade tranquille en voiture (ou en train) jusqu'à Cascais et au village voisin d'Estoril longe le Tage puis la mer pour former l'une des plus belles routes pittoresques au monde. Une destination parfaite pour une journée à la plage, un plat de fruits de mer, une balade au bord de l'eau ou un peu de shopping.

464 ARRÁBIDA

Les routes captivantes de la Serra de l'Arrábida possèdent des vues plongeantes sur ce massif, descendant vers la mer bleue, les plages de sable blanc, la péninsule de Tróia et l'embouchure du fleuve Sado. Les mots manquent devant tant de beauté. D'excellentes dégustations de vin et de fromage vous attendent à Azeitão.

465 ÉVORA

La capitale de la région de l'Alentejo constitue la destination la plus prisée de l'intérieur du Portugal. Classée au patrimoine mondial de l'UNESCO, la ville se révèle être une agréable destination de promenade où il fait bon se perdre en chemin. Parmi les points d'intérêt notables : le temple romain de Diane, le palais de Cadaval, la cathédrale, la place Giraldo et la Chapelle des os.

462 SINTRA

Les 5 plus belles
PLAGES DE LA RÉGION DE LISBONNE

---

466 GUINCHO — Sans doute la plus belle plage de la côte de Lisbonne et de Cascais, profitant en arrière-plan naturel des collines de Sintra et des dunes. Plutôt venteuse (appréciée des amateurs de kitesurf), elle comporte une zone plus retirée à sa droite.

467 COSTA DA CAPARICA — En face du Tage s'étend le village côtier de Costa da Caparica, la plage favorite des Lisboètes. Chaque plage possède sa propre personnalité, et la plupart se dotent d'excellents bars et restaurants de fruits de mer. Parmi les meilleures, citons São João, Morena et Sereia.

468 MECO — Les familles locales adorent cette spacieuse plage ouverte à tous, bien qu'à ses extrémités se trouvent aussi traditionnellement des zones nudistes. Le célèbre Bar do Peixe sert de délicieux poissons et fruits de mer et organise en été de sympathiques soirées au coucher du soleil.

469 **ADRAGA**

Les adeptes d'Adraga apprécient la beauté du paysage (une plage de sable immaculée protégée du vent par de hautes falaises), son fantastique restaurant de poisson (laissez-vous tenter par les grillades, les *percebes* et *bruxas*) et le fait qu'elle soit rarement prise d'assaut. Le village voisin d'Almoçageme compte le week-end un joli marché de produits locaux.

470 **PORTINHO DA ARRÁBIDA**

Beaucoup la considèrent comme la plus belle plage du Portugal. Les principales qualités de cette plage, nommée à juste titre « Le Petit port d'Arrábida », résident dans la couleur de ses eaux cristallines, entourées en arrière-plan par un parc naturel. Les places de parking (limitées) étant assez éloignées de la plage, soyez prêt à faire un peu de marche.

466 **GUINCHO**

5 jolis
CINÉMAS ET PETITS THÉÂTRES

---

471 CINÉMA IDEAL
Rua do Loreto 15-17
Chiado ⑥
+351 21 099 8295
www.cinemaideal.pt

Ce cinéma de 1904 est le plus ancien de Lisbonne. Sa récente rénovation ne l'a pas empêché de conserver son atmosphère familiale originelle. Plus qu'un simple cinéma, c'est un rendez-vous culturel non-conformiste (et ouvert à d'autres arts) qui tente de projeter des films classiques ou plus indépendants. L'endroit idéal pour admirer ces anciens succès que l'on voit rarement dans les salles habituelles.

472 LISBON PLAYERS
Rua da Estrela 10
Estrela ③
+351 21 396 1946
www.lisbonplayers.com.pt

Le théâtre des « Lisbon Players » occupe le Hall de l'Estrela, un édifice de 1906. Ce théâtre convivial accueille aussi la troupe de théâtre amateur du même nom, la seule à Lisbonne à interpréter depuis le milieu du XXe siècle un répertoire exclusivement anglophone.

473 **A BARRACA**
Largo de Santos 2
Santos ③
+351 21 396 5360
www.abarraca.com

La troupe A Barraca, fondée en 1975, faisait partie d'une génération de troupes de théâtre indépendant et expérimental qui a émergé au Portugal après la période révolutionnaire. Elle se produit au théâtre Cinearte de Santos, un immeuble moderniste des années 30 à l'aspect industriel. D'autres initiatives, comme des sessions de tango, s'y déroulent également.

474 **TEATRO DO BAIRRO**
Rua Luz Soriano 63
Bairro Alto ⑤
+351 21 347 3358
*www.teatrodo
bairro.org*

Ce théâtre occupant une ancienne imprimerie ne connaît pas le mot « traditionnel » : sa programmation se compose de pièces alternatives d'avant-garde, de concerts musicaux, de soirées et de projections de films indépendants.

475 **MUSÉE DU CINÉMA**
Rua Barata
Salgueiro 39
Av. da Liberdade ④
+351 21 359 6200
www.cinemateca.pt

Cinemateca désigne le Musée du cinéma, une institution culturelle publique gardienne de l'héritage cinématographique portugais. Les projections presque quotidiennes alternent entre films du pays, classiques étrangers et longs métrages indépendants. Des festivals thématiques de cinéma y sont aussi organisés régulièrement.

5 idées de
JOGGING EN PLEIN AIR

---

476 **PROMENADE DU TAGE**
Belém ②

Quel meilleur endroit pour courir que cette promenade au bord de l'eau, longue de 10 kilomètres, longeant le Tage de Terreiro do Paço à Belém ? Un paysage irrésistible, jalonné de nombreux points d'intérêt comme les docks, le Musée de l'électricité, le Padrão dos Descobrimentos et la Tour de Belém.

477 **PAREDÃO**

Cette promenade relie Paço de Arcos à Cascais en suivant la côte. Elle offre un panorama sensationnel tout en permettant aux sportifs en plein exercice de profiter de la brise marine et de la plage. Les nombreux restaurants et cafés qui la bordent forment autant de points de ravitaillement.

478 **CAMPO GRANDE**
Avenidas Novas ⑧

Un parc urbain du XIXe siècle fraîchement rénové, qui compte à présent des aires de pique-nique et de jeux pour enfants, des installations sportives, terrains de paddle-tennis, un restaurant ainsi qu'un lac équipé de canots à rames et un sentier de jogging où les enthousiastes courent dans un cadre à la fois urbain et vert.

479 **JAMOR**
Algés ①

L'Estádio Nacional, aussi appelé « Jamor », est le stade et complexe sportif national portugais. Il occupe un vaste terrain à la lisière de la ville et compte un stade de foot, plusieurs terrains de rugby et de football, un club de tennis, une académie de golf et un réseau étendu de sentiers de jogging.

480 **MONSANTO**

Cette forêt urbaine, l'une des plus importantes au monde (plus de 1 000 hectares), offre une multitude d'idées jogging sur tous types de sols, de l'asphalte au gravier. Les dizaines de kilomètres de pistes au milieu de la forêt attirent également les marcheurs et les adeptes du BMX.

FERNANDO PESSOA

20 FAITS INSOLITES ET CURIOSITÉS URBAINES

5 célébrités **NÉES À LISBONNE** —————— 244

Les 5 meilleurs **ARCHITECTES LISBOÈTES** — 246

5 dates clés dans **L'HISTOIRE DE LISBONNE** —————————————— 248

5 **SITES** *utiles* ————————————— 250

5 célébrités
NÉES À LISBONNE

---

481 FERNANDO PESSOA — Le poète et écrivain portugais le plus acclamé naquit à Lisbonne en 1888. Ses années d'enfance passées partiellement en Afrique du Sud le firent écrire aussi en anglais. Bien qu'il ait écrit (et publié) sous son vrai nom, il s'est aussi servi de différents pseudonymes et personnages fictionnels ayant chacun un style littéraire propre ; preuve s'il en fallait de son génie et de son talent.

482 AMÁLIA RODRIGUES — Au Portugal, impossible de rivaliser musicalement, au présent comme au futur, avec Amália Rodrigues. Cette emblématique diva du fado, née à Lisbonne dans une famille pauvre, atteignit la gloire grâce à sa voix, sa beauté et sa personnalité bien trempée. Ses tournées internationales ont fait voyager le Portugal et ses traditions aux quatre coins du monde. Elle repose à présent au Panthéon national.

483 LUÍS VAZ DE CAMÕES

On doit à Camões le fameux poème épique Les *Lusiades*, publié en 1572. Ce récit poétique et mythologique raconte un pan de l'histoire portugaise et du voyage de Vasco de Gama vers les Indes. L'auteur, considéré comme l'un des plus grands poètes de tous les temps, était lui-même féru d'aventures, et a passé quelque temps en Inde et à Macao.

484 SANTO ANTÓNIO

Né à Lisbonne, saint Antoine était un théologien érudit du XIIIe siècle. Il partit ensuite pour l'Italie, à Padoue, qui le fit connaître sous le nom de saint Antoine de Padoue. Dans la tradition populaire, il joue le rôle d'assistant de Cupidon ; si bien qu'en juin, pendant les Fêtes de la ville, il est de tradition que les « mariés de la Saint-Antoine » participent à une cérémonie groupée.

485 MARQUIS DE POMBAL

Le premier marquis de Pombal était un homme d'État du XVIIIe siècle qui servit comme Premier ministre sous le règne de Joseph Ier. C'est à cette époque que Lisbonne subit un terrible séisme qui manqua presque de raser la ville. Pombal fut applaudi non seulement pour sa démonstration d'autorité au lendemain de la catastrophe, mais aussi pour ses réformes, parfois trop strictes d'ailleurs, l'homme se montrant cruel envers ses ennemis.

Les 5 meilleurs
ARCHITECTES LISBOÈTES

---

486 **AIRES MATEUS**
www.airesmateus.com

Les frères Aires Mateus, Manuel et Francisco, sont à la barre du cabinet d'architecture du même nom. Ces deux éminents architectes portugais de la post-révolution comptent à leur actif une liste infinie de réalisations, dont de nombreux immeubles de Lisbonne comme le nouveau siège d'EDP et le rectorat de l'Universidade Nova de la ville.

487 **GONÇALO BYRNE**
www.byrnearq.com

Né en 1941, Gonçalo Byrne fait partie des architectes contemporains portugais les plus primés. Il enseigne également cette discipline à la prestigieuse université Harvard. La tour dessinée par ses soins, utilisée pour coordonner et contrôler le trafic maritime de Lisbonne, est déjà un monument de la ville et lui assurera l'immortalité architecturale.

488 **CARRILHO DA GRAÇA**
www.jlcg.pt

João Luís Carrilho da Graça a travaillé (et est toujours à l'œuvre) sur de nombreux projets architecturaux résidentiels, commerciaux et publics à Lisbonne. Parmi ses œuvres les plus marquantes, on compte le Musée de l'Orient, le Pavillon de la connaissance des mers, l'École allemande de Lisbonne et le futur terminal des croisières.

489 **MANUEL SALGADO**
www.risco.org

Actuel numéro deux de la municipalité en charge de l'Urbanisme, Manuel Salgado fut auparavant associé chez Risco, cabinet d'architecture réputé. Il conçut pendant son passage plusieurs bâtiments importants de la ville, dont le Centre culturel de Belém (avec l'architecte Vittorio Gregotti), l'hôtel Altis Belém et les espaces publics du Parque das Nações.

490 **ÁLVARO SIZA VIEIRA**
www.alvarosizavieira.com

Bien qu'il ne vienne pas vraiment de Lisbonne (Vieira est né à Porto), c'est néanmoins dans cette ville qu'exerce ce lauréat du prix Pritzker. Certaines de ses créations ont reçu des éloges internationaux, ce fut le cas notamment pour l'emblématique Pavillon du Portugal et pour la restauration du Chiado après qu'un incendie l'eut sévèrement touché.

5 dates clés dans
L'HISTOIRE DE LISBONNE

---

491 **CONQUÊTE DE LISBONNE**

Lisbonne fut autrefois la capitale des Maures, qui régnaient sur le territoire qu'occupe actuellement le Portugal. L'action militaire qui vit la reprise de la ville aux Maures est connue sous le nom de « Siège de Lisbonne », et considérée comme l'un des rares succès militaires de la deuxième croisade. Ce siège, qui s'étendit du 1er juillet au 25 octobre 1147, joua un rôle crucial dans la reconquête du Portugal.

492 **1ER JANVIER 1640**

Sous domination espagnole de 1380 à 1640, le Portugal vit, le 1er décembre de cette même année, 40 aristocrates rebelles forcer le palais du roi et tuer son secrétaire d'État sous les ordres du duc de Bragança. Le duc fut immédiatement proclamé roi et devint Jean IV sous les acclamations de la population lisboète.

493 **1ᴱᴿ NOVEMBRE 1755** À la Toussaint 1755, un terrible séisme frappa Lisbonne, de l'une des plus fortes magnitudes jamais recensées (8,5 – 9 sur l'échelle de Richter) qui fut suivi par de violents incendies et par un tsunami ravageur. Environ un tiers de la population périt et la ville fut dévastée, forçant les survivants à mettre sur pied des projets de reconstruction colossaux dans les décennies suivantes.

494 **1ᴱᴿ FÉVRIER 1908** Le 1ᵉʳ février 1908, sur la route du retour vers Lisbonne après un séjour dans la propriété de chasse royale de Vila Viçosa dans l'Alentejo, le roi Charles et le prince héritier furent brutalement assassinés sur la place Terreiro do Paço alors qu'ils venaient juste de traverser le fleuve en bateau. Perpétré par des révolutionnaires républicains, cet assassinat allait entraîner une suite d'événements qui menèrent à l'abolissement de la monarchie en 1910.

495 **25 AVRIL 1974** La révolution du 25 avril, aussi appelée révolution des Œillets, débuta par un coup d'Etat des forces armées qui parvint à renverser le régime de droite. On doit ce surnom des « œillets » au fait que quasiment aucun coup ne fut tiré, et aux images retransmises qui retinrent surtout les canons ornés d'œillets des armes des hommes.

5
SITES
utiles

---

496 **VISITLISBOA**
www.visitlisboa.com

Le site web de l'Office du tourisme de la ville constitue une référence objective et complète pour les visiteurs. Il recense les services fournis par plus de 550 membres associés et synthétise les informations pertinentes sur Lisbonne, ses traditions et les événements qui y ont lieu.

497 **TIME OUT**
www.timeout.sapo.pt

Le magazine *Time Out* possède une page web dédiée à Lisbonne, où l'on découvre les derniers événements en date ainsi qu'une liste d'adresses de restaurants, bars, musées et rendez-vous culturels. Certains contenus ont déjà fait l'objet d'une publication dans le magazine, mais sont ici complétés de manière pertinente.

498 LECOOL
lisboa.lecool.com

Un magazine web hebdomadaire, édité en grande partie par des bénévoles, dans lequel les rédacteurs présentent leurs événements culturels et activités de loisirs favoris qui prennent cours chaque semaine dans la ville. Il ne manque jamais de souligner des actions intéressantes mais peu connues, en particulier plus alternatives ou sortant de l'ordinaire.

499 AGENDA CULTURAL LISBOA
www.agendalx.pt

L'agenda culturel en ligne de Lisbonne. Gérée par la municipalité, cette mine d'informations culturelles ne laisse rien passer. Le site se divise en thèmes rendant la navigation plus aisée : nature, arts, cinéma, sciences, enfants, danse, foires, littérature, musique, théâtre et visites guidées.

500 LISBOA CONVIDA
lisboa.convida.pt

Les guides de quartier *ConVida* existent depuis plus d'une dizaine d'années et forment une bonne ressource pour les locaux comme les touristes, puisqu'ils plongent au cœur de la vie de nombreux quartiers de Lisbonne (surtout en matière de shopping, restaurants, bars et centres culturels). Les rédacteurs ont aussi lancé un site utile où tous leurs précieux conseils sont consignés.

INDEX

100 Maneiras	26	
21Pr Concept Store	125	
A Baiuca	87	
A Barraca	239	
À Margem	74	
A Outra Face da Lua	103	
À Parte	60	
Travessa	23	
Adraga	237	
Alexandre Farto (Vhils)	182	
Alfama	154, 196	
Alma	51	
Aloma	57	
Alves/Gonçalves	98	
Amália par Vhils	189	
Amélie au Théâtre	101	
América Móvel	103	
Apicius	33	
Aqueduc das Águas Livres (L')	131	
Aqui Há Peixe	29	
Arc de triomphe da Rua Augusta	144	
Arènes du Campo Pequeno	131	
Arrábida	235	
Artisani	204	
Ascenseurs Chão do Loureiro	139	
Ascenceur de Santa Justa	139	
Assemblée nationale	136	
Associação Caboverdeana	53	
Atira-Te Ao Rio	61	
Aula Magna	232	
Avenida da Liberdade	187	
Avenida de Roma	121	
Avenida Palace	213	
Avenida 24 de Julho	229	
B.Leza	89	
Baginski	175	
Bairro Alto	154, 197, 228	
Hôtel Bairro	215	
Baixa Pombalina	145	
Belcanto	50	
Belém	148	
Belvédère Portas do Sol	76, 144	
Bica do Sapato	45	
Bicaense Café	68	
Bolo da Marta	43	
Borboletário	203	
Botequim da Graça	40	
Britânia	214	
Bubbles Company	101	
By The Wine	73	
Cacilheiro	151	
Café A Brasileira	82	
Café Buenos Aires	63	
Café de São Bento	61	
Café Nicola	82	
Café Royale	81	
Cais da Pedra	36	
Cais do Ginjal	147	
Cais do Sodre	228	
Caixa Alfama	225	
Caldo Verde	55	
Campo de Ourique	153, 207	
Campo Grande	240	
Canela	45	
Cantinho do Aziz	52	
Cantinho do Vintage	103	
Carmo	44	
Casa de Pasto	22	
Casa do Alentejo	135	
Casa do Bacalhau	58	
Casa do Ferreira das Tabuletas	184	
Casa dos Caracóis	52	
Casa dos Ovos Moles	43	
Casa Fernando Pessoa	190	
Casa Independente	68	
Casa Pereira	105	
Casa Portuguesa do Pastel de Bacalhau	58	
Cascais	234	
Casino de Lisbonne	193	
Cathédrale Santa Maria Maior	129	
Caxemira	30	
Caza das Vellas Loreto	104	
CCB	173, 233	
Centre d'art moderne	322	
Cevicheria	33	
Chafariz do Vinho	72	
Chapelaria d'Aquino	105	
Chapelle da Ordem Terceira do Carmo	149	
Chapelle de Belém	149	
Chapelle de Santo Amaro	149	
Chapitô À Mesa	61	
Chapitô	231	
Château de Saint-Georges	136	
Chiado	154	
Chiado Factory	125	
Chiringuito Tapas Bar	64	
Christ Roi (Le)	130	
Cimetière allemand	163	
Cimetière des Anglais	163	
Cimetière des animaux	162	
Cimetière des Prazeres	162	
Cimetière do Alto de São João	163	
Cimetière juif	186	

Cinco Jotas	49	Évora	235	Hot Clube de Portugal	192
Cinco Lounge	77	Fabrica do Braco		Hôtel Beautique Figueira	217
Cinéma Ideal	238	de Prata	106	Hôtel da Estrela	214
Círculo Eça de Queiroz	199	Fabrique de faïence		Hôtel do Chiado	90, 216
Claudio Corallo	80	Viúva Lamego	184	Hôtel Lisb'on	220
Club del Gourmet	46	Facto Lab	119	Hôtel Lisboa Lounge	220
Club Tauromáquico	199	Fashion Clinic	100	Hôtel Lisbon Destination	221
Clube de Fado	86	Feira da Ladra	108	Ibo Marisqueira	29
Colisée de Lisbonne (Le)	233	Feitoria	51	Insólito	91
Conservas	55	Festival Ao Largo	225	Jamor	241
Conserveira de Lisboa/		Figaro	119	Janelas Verdes	214
Nacional	47	Filipe Faísca	99	Jardim das Cerejas	38
Copenhagen		Filomena Soares	175	Jardin Amália Rodrigues	142
Coffee Lab Café	81	Finalmente	84	Jardin botanique	
Costa da Caparica	236	Flor Flor	110	da Ajuda	157
Couvent des Carmes	129	Flower Power	110	Jardin botanique	
Couvent des Cardaes	183	Fondation		de Lisbonne	155
Cozinha Popular da		Champalimaud	134	Jardin botanique	
Mouraria	39	Fondation Gulbenkian	174	tropical	155
Cristina Guerra	175	Fourgonnette Cidade		Jardin de l'Estrela	157, 208
Cristo Rei	130	do Fado	197	Jardin das Amoreiras	208
D. José I	178	Foxtrot	93	Alcântara	229
D. Pedro IV	177	Fragoletto	205	Jardin du Príncipe Real	209
D'Orey Tiles	122	Funiculaire de Bica	137	Jardin du Torel	161
Darwin Café	90	Funiculaire de Glória	137	Jardin Gulbenkian	157
Decoflorália	111	Funiculaire do Lavra	139	Jesus É Goês	53
Deli Delux	46	Galito	25	Joana Vasconcelos	181
Dinastia Tang	30	Gambrinus	59	João Esteves de Oliveira	176
Dino Alves	99	Gare do Rossio	128	João Louro	181
Double9	79	Garrafeira Alfaia	72	Jorge Welsh	123
Duplex	71	Gayola	84	José Maria Da Fonseca	95
EDP Cool Jazz Fest	225	Gin Lovers	79	Julião Sarmento	182
Église da Conceição		Ginjinha	54	K.O.B.	62
Velha	150	Gocar	227	Kaffeehaus	81
Eleven	50	Grapes & Bites	70	Kanazawa	33
Em Nome da Rosa	110	Grémio Literário	199	Kidzania	203
Embaixada	124	Guincho	236	Landau Chocolate	41
Entre Tanto	124	Gulbenkian	232	Lapa Palace	213
Erva	38	Hair Fusion	119	Largo da Parada	159
Espaço B	112	Hamburgueria do Bairro	34	Largo de São Carlos	190
Espaço Lisboa	23	Hippotrip	152	Largo de São Miguel	159
Espelho d'água	76	Home Lisbon	221	Largo de São Paulo	158
Este Oeste	31	Honorato	34	Largo do Carmo	145, 158, 190
Estufa Real	44	Hôpital des poupées	206	Le Chat	91

Leitaria A Camponeza	83	
Leopold	32	
Ler Devagar	107	
Lidija Kolovrat	98	
Linha da Vizinha	112	
Lisboa	178	
Lisbon Helicopters	227	
Lisbon Players	238	
Lisbon Story Center	145	
Livraria Bertrand	107	
Livraria Campos Trindade	122	
Livraria Férin	106	
Loja da Atalaia	102	
Luvaria Ulisses	104	
Lux	88	
Mafra	234	
Manteigaria	56	
Manteigaria Silva	48	
Marché 31 de Janeiro	115	
Marché Av. da Liberdade	109	
Marché da Ribeira	114, 231	
Marché de l'Algés	115	
Marché de l'Alvalade Norte	115	
Marché du Campo de Ourique	114	
Marché do Jardim	109	
Marché du Príncipe Real	108	
Marché du Dimanche LX Factory	108	
Marisqueira Azul	29	
Marquis de Pombal	177, 245	
Martim Moniz	39	
Martinho da Arcada	191	
Maternidade	177	
Matiz Pombalina	79	
Meco	236	
Memmo Alfama	216	
Meo Arena	233	
Mercearia dos Açores	47	
Mesa de Frades	86	
Miguel Arruda	123	
Mini Bar	26	
Mini By Luna	206	
Mirador do Torel	161	
Mirador de São Pedro de Alcântara	142	
Miss Saigon	38	
Monastère des Hiéronymites	128	
Monastère do Restelo	150	
Moscatel de Setúbal	94	
Moy	48	
Muito Muito	102	
Munchie	36	
Musée Amália Rodrigues	197	
Musée Berardo	172	
Musée Bordalo Pinheiro	168	
Musée d'ethnologie	169	
Musée d'histoire naturelle	169	
Musée de géologie	168	
Musée de Lisbonne	146	
Musée des azulejo	183	
Musée des carrosses	134	
Musée du cinéma	239	
Musée du fado	196	
Musée du théâtre et du costume	161	
Musée Fondation Medeiros e Almeida	169	
Musée Júlio Pomar	172	
Musée national d'art ancien	179, 180	
Musée national d'art contemporain du Chiado	170	
Musée Vieira Da Silva/Arpad Szenes	172	
Musicbox	88	
Nannarella	204	
Nata Lisboa	57	
Nord	113	
Nos Alive	224	
Nós É Mais Bolos	41	
Nuno Gama	98	
O Bom O Mau E O Vilão	70	
O Lugar	64	
O Melhor Bolo de Chocolate do Mundo	43	
Oceanário	202	
Oficina Mustra	100	
Osteria	40	
Out Jazz	224	
Padrão dos Descobrimentos	131, 187	
Palacete Chafariz d'el Rei	218	
Palácio Belmonte	218	
Palácio Camões	217	
Palácio da Ajuda	135	
Palácio Foz	135	
Palácio Ramalhete	219	
Palais de Belém	146	
Palais Fronteira	183	
Paletaria	204	
Panorama Santa Catarina	144	
Panthéon national	130	
Papabubble	207	
Parc Alto da Serafina	208	
Parc da Quinta Das Conchas	209	
Parc de Monsanto	241	
Parc do Tejo	148	
Paris Em Lisboa	101	
Park	230	
Parque das Nações	189	
Parreirinha do Minho	25	
Passeio das Docas	147	
Pastéis de Belém	56	
Pastéis de Nata	55	
Pastelaria Cristal	56	
Pastelaria São Roque	83	
Pastelaria Versailles	83	
Patrick	118	
Pavilhão Chinês	92	
Pavillon du Portugal	132	
Pedro Cabrita Reis	182	
Pensão Amor	70	
Pensao Ninho		

de Aguias	219	Rua dos Correeiros	116	Teatro do Bairro	239
Pestana Palace	212	Rua dos Douradores	116	Templários Bar	193
Petiscos No Bairro	65	Rua dos Fanqueiros	116	Teresa Alecrim	206
Petit Palais	89	Rua Ferreira Borges	121	The Decadente	27
Pharmacia	27	Rua Garrett	120	The Food Temple	37
Pistola y Corazón	40	Rubro	62	The George	71
Place du Palais	186	Sala de Corte	63	The Independent	220
Place Rossio	186	Salsa & Coentros	24	The Keep - Sleep	
Planetarium	203	Santini	205	Boutique / Pensao	
Pô dos Livros	107	Santo António de Alfama	27	Ninho de Aguias	219
Poeira	112	Santos	69	The Late Birds	219
Pois Café	45	São Roque	123	Théâtre national	
Popular Alvalade	192	Sardinhas	54	de São Carlos	174
Portas do Sol	76	Sea Me	28	Théâtre national	
Portinho da Arrábida	237	Segway Tours	227	Dona Maria	173
Praça das Amoreiras	158	Senhor Vinho	87	Théâtre São Luiz	174
Praça do Rossio	189	Siège Social EDP	134	Tibetanos	37
Primavera do Jerónimo	24	Silk	88	To.B	36
Príncipe Real	153, 229	Silva & Feijóo	46	Topo	69
Procópio	92	Sintra	234	Torel Palace	217
Promenade du Tage	240	Skinlife	124	Tour de Belém	128
Pub Lisboeta	68	Snob Bar	93	Tour de Contrôle	
Purex	85	Sociedade De Geografia	198	du Port de Lisbonne	132
Purista	71, 118	Sol e Pesca	53	Trafaria Praia	151
Queijaria Cheese Shop	48	Solar Dos Numes	59	Tram 28	151
Queijaria Nacional	49	Solar dos Presuntos	59	Tram en liège	152
Quinta do Monte d'oiro	94	Statue do Chiado	191	Trumps	84
Quiosque do Oliveira	230	Stopdo Bairro	24	Tuk Tuk Lisboa	226
Ramiro	28	Sushicafé Avenida	30	Turf	198
Red Frog	77	Synagogue (La)	185	Valverde	213
República das Flores	111	Taberna da Rua		Varanda	51
Ribeira das Naus	148	das Flores	32	Vera Cortês	176
Ribeira das Naus –		Taberna Japonesa	31	Vestigius	73
Quiosque	76	Taberna Moderna	27	Vicente	63
Ritz	212	Taberna Tosca	65	Vida Portuguesa	104
Roof	113	Tagus by Sushic	60	Vins de Colares et	
Rua Áurea	117	Tapada da Ajuda	160	Carcavelos	95
Rua Cor de Rosa	230	Tapada das Necessidades	160	Vins de Lisbonne AOC	95
Rua da Escola		Tapas 52	64	Wanli	93
Politécnica	120	Tartine	80	WoofLx	85
Rua da Judiaria	185	Tasca do Chico	87	Xafarix	193
Rua da Prata	117	Taste of Lisboa	226	Zambeze	74
Rua de São Bento	120	Tavares	22	Zoo	202
Rua do Ouro	117	Teatro B&B	215		

Pour l'édition originale :
© 2016 Luster, Anvers
« The 500 Hidden Secrets of Lisbon »

Auteur: Miguel Júdice
Photos: Manuel Gomes da Costa – www.manuelgomesdacosta.com

Pour la présente édition :
© 2016, éditions Mardaga, Bruxelles
27, rue du Collège
B-1050 Bruxelles (Belgique)
www.editionsmardaga.com

Traduction française : Nicolas De Smet Van Damme
Photo de couverture : Jardin botanique

D/2016-0024-27
ISBN : 978-2-8047-0331-8

MIXTE
Papier issu de
sources responsables
FSC® C015829

Imprimé en septembre 2016 sur les presses de Printer Trento.

Les adresses reprises dans cet ouvrage sont le fruit de recherches indépendantes menées par ses auteurs, en collaboration avec les éditions Mardaga. La sélection se base sur une évaluation personnelle par l'auteur de ces établissements. Aucune notice n'a fait l'objet d'une quelconque rétribution.